AF456443

NOUVELLE SEMAINE SAINTE

CONTENANT

L'OFFICE DE L'APRE'S MIDY

PENDANT

LA QUINZAINE DE PASQUES,

SUIVANT

Le Nouveau Breviaire de Paris, & de Rome.

A PARIS,

Chez THEODORE DE HANSY, ſur le Pont au Change, à S. Nicolas. 1738.

AVIS.

Cette Semaine Sainte contient tout l'Office de l'aprèsmidi, auquel les Fideles assistent ordinairement.

Lorsque le NOUVEAU MISSEL paroîtra, l'on donnera l'Office des Ceremonies du matin d'où elle est tirée ; en attendant l'on se sert des anciens Livres de Semaine Sainte pour y assister.

Ce partage a été fait pour éviter des Renvoys ; & former une Semaine Sainte de caractere aisé & en deux petits Volumes qui se pourront relier séparement.

L'usage de Rome necessaire dans les Convents, est au bas de chaque page, & separé de l'usage de Paris par un Reglet.

APPROBATION.

DE Mandato Illustrissimi D. D. Galliarum Cancellarii, legi *præsens Officium.* Datum in Sorbona die 18. Martii 1737. DE MARSILLY.

PRIVILEGE DU ROY.

LOUIS, par la grace de Dieu, Roy de France & de Navarre : A nos amez & feaux Conseillers les Gens tenans nos Cours de Parlement, Maîtres des Requestes Ordinaires de notre Hôtel, Grand Conseil : Prevôt de Paris, Baillifs, Sénéchaux, leurs Lieutenans Civils, & autres nos Justiciers qu'il appartiendra ; SALUT. Notre bien Amé THEODORE DE HANSY, Libraire à Paris, Nous ayant fait suplier de lui accorder nos Lettres de Permission pour l'Impression d'une *Nouvelle Semaine sainte, à l'usage de Paris & de Rome* ; offrant pour cet effet de la faire imprimer en bon papier & beaux caracteres, suivant la feüille imprimée & attachée pour modele sous le Contrescel des Presentes, Nous lui avons permis & permettons par ces Presentes, de faire imprimer ledit Livre ci-dessus specifié, conjointement ou séparement & autant de fois que bon lui semblera, & de le vendre, faire vendre & débiter par tout notre Royaume pendant le tems de *trois* années consécutives, à compter du jour de la date desdites Presentes. Faisons deffenses à tous Libraires, Imprimeurs & autres personnes, de quelque qualité & condition qu'elles soient, d'en introduire d'impression étrangere dans aucun lieu de notre obéïssance. A la charge que ces Presentes seront enregistrées tout au long sur le Registre de la Communauté des Libraires & Imprimeurs de Paris, dans trois mois de la date d'icelles ; que l'impression de ce Livre sera faite dans notre Royaume, & non ailleurs, & que l'Impetrant se conformera en tout aux Reglemens de la Librairie, & notamment à celui du

10. Avril 1725. & qu'avant que de l'exposer en vente, le Manuscrit ou imprimé qui aura servi de copie à l'impression dudit Livre, sera remis dans le même état où l'Approbation y aura été donné, ès mains de notre très-cher & feal Chevalier, le Sieur Daguesseau Chancelier de France, Commandeur de nos Ordres : Et qu'il en sera ensuite remis deux Exemplaires dans notre Bibliotheque publique, un dans celle de notre Château du Louvre, & un dans celle de notredit très-cher & feal Chevalier le Sieur Daguesseau Chancelier de France, Commandeur de nos Ordres : Le tout à peine de nullité des Presentes. Du contenu desquelles vous mandons & enjoignons de faire joüir l'Exposant ou ses ayans cause pleinement & paisiblement, sans souffrir qu'il leur soit fait aucun trouble ou empêchemens. Voulons qu'à la copie desdites Presentes qui sera imprimée tout au long, au commencement ou à la fin dudit Livre, foi soit ajoûtée comme à l'Original : Commandons au premier notre Huissier ou Sergent de faire pour l'execution d'icelles tous Actes requis & necessaires sans demander autre permission, & nonobstant Clameur de Haro, Chartre Normande & Lettres à ce contraires. CAR tel est notre plaisir. Donné à Paris le cinquiéme jour d'Avril, l'an de grace 1737. & de notre Regne le vingt-deuxiéme. Par le Roy en son Conseil. *Signé*, SAINSON.

Registré sur le Registre IX. de la Chambre Royale & syndicale des Libraires & Imprimeurs de Paris, No. 435. *Fol.* 396. *conformément aux anciens Reglemens, confirmez par celui du* 28. *Février* 1723. *A Paris le* 6. *Avril* 1737.

Signé, G. MARTIN, *Syndic.*

Les Juifs demandent la mort de J. C. après avoir participé à son triomphe.

Retourner à nos crimes après avoir satisfait au devoir Paschal, c'est imiter les Juifs.

LE DIMANCHE DES RAMEAUX,

A None.

℣. Deus in adjutorium, &c.

HYMNE.*

Labente jam solis rotâ,
Inclinat in noctem dies;
Sic vita supremam citò
Festinat ad metā gradu.
O Christe, dum fixus cruci

Expandis orbi brachia,
Amare da crucem; tuo
Da nos in amplexu mori.
Deo Patri ſit gloria,
Ejuſque ſoli Filio,
Sancto ſimul cum Spiritu,
Nunc, & per omne ſæculũ. Amen.

DU PSEAUME 118.

MIrabilia teſtimonia tua: ideò ſcrutata eſt ea anima mea.

Declaratio ſermonum tuorum illuminat: & intellectũ dat parvulis.

Os meum aperui, & attraxi ſpiritum: quia mandata tua deſiderabam.

Aſpice in me, & miſerere mei: ſecundùm judicium diligentium nomen tuum.

A ROME.

* *Hymne.*

RErum Deus tenax vigor,
Immotus in te permanens,
Lucis diurnæ tempora,
Succeſſibus determinans.
Largire clarum veſpere,
Quo vita nuſquã decidat,
Sed præmium mortis ſacræ,
Perennis inſtet gloria.
Præſta Pater piiſſime,
Patrique compar Unice,
Cum Spiritu Paracleto,
Regnans per omne ſæculum. Amen.

Greſſus meos dirige ſecundùm eloquium tuum : & non dominetur meî omnis injuſtitia.

Redime me à calumniis hominum : ut cuſtodiam mandata tua.

Faciem tuam illumina ſuper ſervum tuum : & doce me juſtificationes tuas.

Exitus aquarum deduxerunt oculi mei : quia non cuſtodierunt legem tuam.

Juſtus es, Domine : & rectum judicium tuum.

Mandaſti juſtitiã teſtimonia tua : & veritatem tuam nimis.

Tabeſcere me fecit zelus meus : quia obliti ſunt verba tua inimici mei.

Ignitum eloquium tuum vehementer : & ſervus tuus dilexit illud.

Adoleſcentulus ſum ego, & contemptus : juſtificationes tuas non ſum oblitus.

Juſtitia tua, juſtitia in æternum :

& lex tua veritas.

Tribulatio & angustia invenerunt me : mandata tua meditatio mea est.

Æquitas testimonia tua in æternum : intellectum da mihi, & vivã.

CLamavi in toto corde meo, exaudi me, Domine : justificationes tuas requiram.

Clamavi ad te, salvum me fac : ut custodiam mandata tua.

Præveni in maturitate, & clamavi : quia in verba tua supersperavi.

Prævenerunt oculi mei ad te diluculo : ut meditarer eloquia tua.

Vocem meam audi secundùm misericordiam tuam, Domine : & secundùm judicium tuum vivifica me.

Appropinquaverunt persequentes me iniquitati : à lege autem tua longè facti sunt.

Propè es tu, Domine : & omnes viæ tuæ veritas.

Initio cognovi de testimoniis tuis : quia in æternum fundasti ea.

Vide humilitatem meam, & eripe me : quia legem tuam non ſum oblitus.

Judica judicium meum, & redime me : propter eloquium tuum vivifica me.

Longè à peccatoribus ſalus : quia juſtificationes tuas non exquiſierũt.

Miſericordiæ tuæ multæ, Domine : ſecundùm judicium tuum vivifica me.

Multi qui perſequuntur me, & tribulant me ; à teſtimoniis tuis non declinavi.

Vidi prævaricantes, & tabeſcebam : quia eloquia tua non cuſtodierunt.

Vide quoniam mandata tua dilexi, Domine : in miſericordia tua vivifica me.

Principium verborum tuorum veritas : in æternum omnia judicia juſtitiæ tuæ.

PRincipes perſecuti ſunt me gratis : & à verbis tuis formidavit cor meum.

Lætabor ego ſuper eloquia tua : ſicut qui invenit ſpolia multa.

Iniquitatem odio habui, & abominatus ſum: legē autem tuā dilexi.

Septies in die laudem dixi tibi : ſuper judicia juſtitiæ tuæ.

Pax multa diligentibus legem tuam : & non eſt illis ſcandalum.

Expectabam ſalutare tuum, Domine : & mandata tua dilexi.

Cuſtodivit anima mea teſtimonia tua : & dilexit ea vehementer.

Servavi mandata tua & teſtimonia tua : quia omnes viæ meæ in conſpectu tuo.

Appropinquet deprecatio mea in conſpectu tuo, Domine : juxta eloquium tuum da mihi intellectū.

Intret poſtulatio mea in conſpectu tuo : ſecundùm eloquium tuum eripe me.

Eructabunt labia mea hymnum : cùm docueris me justificationes tuas.

Pronuntiabit lingua mea eloquium tuum : quia omnia mandata tua æquitas.

Fiat manus tua ut salvet me : quoniam mandata tua elegi.

Concupivi salutare tuum, Domine : & lex tua meditatio mea est.

Vivet anima mea, & laudabit te : & judicia tua adjuvabunt me.

Erravi sicut ovis quæ periit : quære servum tuum, quia mandata tua non sum oblitus.

* *Ant.* Dico vobis : Quia, si hi tacuerint, lapides clamabunt.

CAPITULE. *Sag.* 10.

DEcantaverunt, Domine, nomen sanctum tuum, & victricem manum tuam laudaverunt pariter ; quoniam sapientia aperuit os mutorum, & linguas infantium fecit disertas.

℟. *bref.* Ex ore infantium & lactentium, * Perfeciſti laudem. Ex ore. ℣. Propter inimicos tuos, Domine, * Perfeciſti laudem. ℟. Ex ore.

℣. Laudate, pueri, Dominum:

℟. Laudate nomen Domini.

ORAISON.

OMnipotens ſempiterne Deus, qui humano generi ad imitandum humilitatis exemplum, Salvatorem noſtrum carnem ſumere & crucem ſubire feciſti: concede propitius, ut & patientiæ ipſius habere documenta, & reſurrectionis conſortia mereamur. Per eumdem, &c.

A ROME.

* *Ant.* Invocabo nomen tuum, Domine: ne avertas faciem tuam à clamore meo.

CAP. *Phil.* 2. 10.

IN nomine Jeſu omne genu flectatur, cœleſtium, terreſtrium & infernorum; & omnis lingua confiteatur, quia Dominus Jeſus Chriſtus in gloria eſt Dei Patris.

℟. Deo gratias.

℟. *br.* Ne perdas cum impiis, * Deus, animam meam. Ne perdas.

℣. Et cum viris ſanguinum vitam meam. * Deus, animam. Ne perdas.

℣. Eripe me, Domine, ab homine malo.

℟. A viro iniquo eripe me.

LE DIMANCHE DES RAMEAUX, A VESPRES.

DEus, in adjutorium meum intende. Domine, ad adjuvandum me feſtina.

Gloria Patri, &c.

Ixit Dominus Domino meo : ſede à dextris meis.

Donec ponam inimicos tuos : ſcabellum pedum tuorum.

Virgam virtutis tuæ emittet Dominus ex Sion : dominare in medio inimicorum tuorum.

Tecum principium in die virtutis tuæ in ſplendoribus Sanctorum : ex utero ante luciferum genui te.

Juravit Dominus, & non pœnitebit eum : tu es Sacerdos in æternum ſecundùm ordinem Melchiſedech.

Dominus à dextris tuis : confregit in die iræ ſuæ reges.

Judicabit in nationibus, implebit ruinas : conquaſſabit capita in terra multorum.

De torrente in via bibet : propterea exaltabit caput.

* *Ant.* Videntes Principes Sacerdotum & Scribæ mirabilia quæ fecit Jeſus, & pueros clamantes in templo, Hoſanna Filio David, indignati ſunt.

CONfitebor tibi, Domine, in toto corde meo : in concilio juſtorum & congregatione.

Magna opera Domini : exquiſita in omnes voluntates ejus.

Confeſſio & magnificentia opus ejus : & juſtitia ejus manet in ſæculum ſæculi.

Memoriam fecit mirabilium ſuorum miſericors & miſerator Dominus : eſcam dedit timentibus ſe.

Memor erit in ſæculum teſtamen-

* A ROME. *Ant.* Dixit Dominus Domino meo : Sede à dextris meis.

ti ſui : virtutem operum ſuorum annuntiabit populo ſuo.

Ut det illis hereditatem gentium : opera manuum ejus, veritas & judicium.

Fidelia omnia mandata ejus, confirmata in ſæculum ſæculi : facta in veritate & æquitate.

Redemptionem miſit populo ſuo : mandavit in æternum teſtamentum ſuum.

Sanctum & terribile nomen ejus : initium ſapientiæ, timor Domini.

Intellectus bonus omnibus facientibus eum : laudatio ejus manet in ſæculum ſæculi.

**Ant*. Dixerunt ad ſemetipſos : Videtis quia nihil proficimus ? ecce mundus totus poſt eum abiit.

BEatus vir qui timet Dominũ : in mandatis ejus volet nimis.

Potens in terra erit ſemen ejus : generatio rectorum benedicetur.

*A ROME. *Ant*. Fidelia omnia mandata ejus : confirmata in ſæculum ſæculi.

Gloria & divitiæ in domo ejus : & justitia ejus manet in sæculum sæculi.

Exortum est in tenebris lumen rectis : misericors, & miserator, & justus.

Jucundus homo qui miseretur & commodat, disponet sermones suos in judicio : quia in æternum non commovebitur.

In memoria æterna erit justus : ab auditione mala non timebit.

Paratum cor ejus sperare in Domino, confirmatum est cor ejus : non commovebitur donec despiciat inimicos suos.

Dispersit, dedit pauperibus : justitia ejus manet in sæculum sæculi ; cornu ejus exaltabitur in gloria.

Peccator videbit & irascetur, dentibus suis fremet & tabescet : desiderium peccatorum peribit.

* *Ant.* Quærebant Jesum perdere ; & non inveniebāt quid facerent illi.

* A ROME. *Ant.* In mandatis ejus cupit nimis.

LAudate, pueri, Dominum : laudate nomen Domini.

Sit nomen Domini benedictum : ex hoc, nunc & usque in sæculum.

A solis ortu usque ad occasum : laudabile nomen Domini.

Excelsus super omnes gentes Dominus : & super cœlos gloria ejus.

Quis sicut Dominus Deus noster qui in altis habitat : & humilia respicit in cœlo & in terra ?

Suscitans à terra inopem : & de stercore erigens pauperem.

Ut collocet eum cum principibus : cum principibus populi sui.

Qui habitare facit sterilem in domo : matrem filiorum lætantem.

* *Ant.* Ex principibus multi crediderunt in eum ; sed non confitebantur, ut è Synagoga non ejicerentur.

IN exitu Israël de Ægypto : domus Jacob de populo barbaro.

*A ROME. *Ant.* Sit nomen Domini benedictum in sæcula.

Facta eſt Judæa ſanctificatio ejus: Iſraël poteſtas ejus.

Mare vidit, & fugit: Jordanis converſus eſt retrorſum.

Montes exultaverunt ut arietes: & colles ſicut agni ovium.

Quid eſt tibi, mare, quod fugiſti? & tu, Jordanis, quia converſus es retrorſum?

Montes, exultaſtis ſicut arietes: & colles ſicut agni ovium?

A facie Domini mota eſt terra: à facie Dei Jacob.

Qui convertit petram in ſtagna aquarum: & rupem in fontes aquarum.

Non nobis, Domine, non nobis: ſed nomini tuo da gloriam ſuper miſericordia tua & veritate tua.

Nequando dicant gentes: Ubi eſt Deus eorum.

Deus autem noſter in cœlo: omnia quæcumque voluit fecit.

Simulacra gentium, argentum &

aurum : opera manuum hominum.

Os habent, & non loquentur : oculos habent, & non videbunt.

Aures habent, & non audient : nares habent, & non odorabunt.

Manus habent, & non palpabunt ; pedes habent, & non ambulabunt : non clamabunt in gutture ſuo.

Similes illis fiant, qui faciunt ea : & omnes qui confidunt in eis.

Domus Iſraël ſperavit in Domino : adjutor eorum & protector eorum eſt.

Domus Aaron ſperavit in Domino : adjutor eorum & protector eorum eſt.

Qui timent Dominum, ſperaverunt in Domino : adjutor eorum & protector eorum eſt.

Dominus memor fuit noſtri : & benedixit nobis.

Benedixit domui Iſraël : benedixit domui Aaron.

Benedixit omnibus qui timent

Dominum : pusillis cum majoribus.

Adjiciat Dominus super vos : super vos, & super filios vestros.

Benedicti vos à Domino : qui fecit cœlum & terram.

Cœlum cœli Domino : terram autem dedit filiis hominum.

Non mortui laudabunt te, Domine : neque omnes qui descendunt in infernum.

Sed nos qui vivimus, benedicimus Domino : ex hoc nunc & usque in sæculum.

**Ant.* Jam enim conspiraverant Judæi, ut si quis eum confiteretur esse Christum, extra Synagogam fieret.

CAPITULE.

RECogitate eum qui talem sustinuit à peccatoribus adversùm

A ROME.

* *Ant.* Nos qui vivimus benedicimus Domino.

CAP. *Philip.* 2. 5.

FRatres : Hoc sentite in vobis, quod & in Christo Jesu : qui cum in forma Dei esset, non rapinam arbitratus est esse se æqualem Deo : sed semetipsum exinanivit formam servi accipiens, in similitudinem hominum factus, & habitu inventus ut homo. ℟. Deo gratias.

ſemetipſum contradictionem; ut ne fatigemini, animis veſtris deficientes : nondum enim uſque ad ſanguinem reſtitiſtis, adversùs peccatum repugnantes.

HYMNE.

VExilla Regis prodeunt;
Fulget Crucis myſterium,
Quo carne carnis Conditor,
Suſpenſus eſt patibulo.
Quo vulneratus inſuper
Mucrone diro lanceæ,
Ut nos lavaret crimine,
Manavit undâ & ſanguine.
Impleta ſunt quæ concinit
David fidelis carmine,
Dicens : In nationibus
Regnavit à ligno Deus.
Arbor decora & fulgida,
Ornata Regis purpurâ,
Electa digno ſtipite,
Tam ſancta membra tangere.
Beata cujus brachiis
Secli pependit pretium,

Statera facta corporis,
Prædamque tulit tartari.
O Crux, ave, ſpes unicâ;
Hoc Paſſionis tempore,
Auge piis juſtitiam,
Reiſque dona veniam.
Te, ſumma Deus Trinitas,
Collaudet omnis ſpiritus:
Quos per Crucis myſterium
Salvas, rege per ſæcula. Amen.

* ℣. Dominus regnavit, iraſcantur populi: ℟. Confiteantur nomini tuo magno.

CANTIQUE DE LA VIERGE.

MAgnificat: anima mea Dominum.

Et exultavit ſpiritus meus: in Deo ſalutari meo.

Quia reſpexit humilitatem ancillæ ſuæ: ecce enim ex hoc beatam me dicent omnes generationes.

Quia fecit mihi magna qui potens eſt: & ſanctum nomen ejus.

* A ROME. ℣. Eripe me, Domine, ab homine malo. ℟. A viro iniquo eripe me.

Et misericordia ejus à progenie in progenies : timentibus eum.

Fecit potentiam in brachio suo : dispersit superbos mente cordis sui.

Deposuit potentes de sede : & exaltavit humiles.

Esurientes implevit bonis : & divites dimisit inanes.

Suscepit Israël puerum suum : recordatus misericordiæ suæ.

Sicut locutus est ad patres nostros : Abraham, & semini ejus, in sæcula.

* *Ant.* Pater, salvifica me ex hac hora ; sed propterea veni in horam hanc : Pater, clarifica nomen tuum.

L'Oraison de None, p. 8.

A ROME.

* *Ant.* Scriptum est enim : Percutiam pastorem, & dispergentur oves gregis; postquam autem resurrexero, præcedam vos in Galilæam : ibi me videbitis, dicit Dominus.

℣. Dominus vobiscum.

℟. Et cum spiritu tuo.

A COMPLIES.

℣. Converte nos, Deus.

Um invocarem, exaudivit me, Deus, juſtitiæ meæ : in tribulatione dilataſti mihi.

Miſerere mei : & exaudi orationem meam.

Filii hominum, uſquequò gravi corde ? ut quid diligitis vanitatem, & quæritis mendacium ?

Et ſcitote quoniam mirificavit Dominus ſanctum ſuum : Dominus exãdiet me cùm clamavero ad eum.

Iraſcimini & nolite peccare : quæ dicitis in cordibus veſtris : in cubilibus veſtris compungimini.

Sacrificate ſacrificium juſtitiæ, & ſperate in Domino : multi dicunt, quis oſtendit nobis bona ?

Signatum eſt ſuper nos lumen vultûs tui, Domine : dediſti lætitiam in corde meo.

A fructu frumenti, vini & olei

ſui : multiplicati ſunt.

In pace in idipſum dormiam : & requieſcam.

Quoniam tu, Domine : ſingulariter in ſpe conſtituiſti me.

A ROME. *Pſ.* In te Domine, ſperavi, &c. *aux Complies de Pâques.*

QUi habitat in adjutorio Altiſſimi : in protectione Dei cœli commorabitur.

Dicet Domino ; ſuſceptor meus es tu, & refugium meum : Deus meus, ſperabo in eum.

Quoniam ipſe liberavit me de laqueo venantium : & à verbo aſpero.

Scapulis ſuis obumbrabit tibi : & ſub pennis ejus ſperabis.

Scuto circumdabit te veritas ejus : non timebis à timore nocturno.

A ſagitta volante in die, à negotio perambulante in tenebris : ab incurſu, & dæmonio meridiano.

Cadent à latere tuo mille, &

decem millia à dextris tuis : ad te autem non appropinquabit.

Verumtamen oculis tuis considerabis : & retributionem peccatorum videbis.

Quoniam tu es, Domine, ſpes mea : Altiſſimum poſuiſti refugium tuum.

Non accedet ad te malum : & flagellum non appropinquabit tabernaculo tuo.

Quoniam Angelis ſuis mandavit de te : ut cuſtodiant te in omnibus viis tuis.

In manibus portabunt te : ne fortè offendas ad lapidem pedem tuum.

Super aſpidem & baſiliſcum ambulabis : & conculcabis leonem & draconem.

Quoniam in me ſperavit, liberabo eum : protegam eum, quoniam cognovit nomen meum.

Clamabit ad me : & ego exaudiam eum.

Cum ipſo ſum in tribulatione : eripiam eum, & glorificabo eum.

Longitudine dierum replebo eum : & oſtendam illi ſalutare meū.

ECce nunc benedicite Dominum : omnes ſervi Domini.

Qui ſtatis in domo Domini : in atriis domûs Dei noſtri.

In noctibus extollite manus veſtras in ſancta : & benedicite Dominum.

Benedicat te Dominus ex Sion : qui fecit cœlum & terram.

* *Ant.* Scuto circumdabit te veritas ejus ; non timebis à timore nocturno.

HYMNE.

O Splendor æterni Patris
Tu Chriſte, qui verus dies,
Et vera lux de lumine,
Mentis fugas caliginem.

En ſolis abſceſſit jubar,

* A ROME, *Ant.* Miſerere mei, Domine, & exaudi orationem meam.

Noctiſque ſuccedunt vices:
Qui proſperum donas diem,
Da tuta noctis otia.
  Si clauſa torpent lumina,
Suſpiret ad te mens vigil:
Potente, qui te diligunt,
Servos tuere dexterâ.
  Tu quos moleſti corporis
Gravis retardat ſarcina,
Fac mentis alis libero,
Surſum volatu tendere.
  O ſpes ſalutis unica,
Votis adeſto ſupplicum:
Defende quos mercatus es
Mercede fuſi ſanguinis.
  Deo Patri ſit gloria,
Ejuſque ſoli Filio,
Sancto ſimul cum Spiritu,
Nunc, & per omne ſæculũ. Amen.

A ROME.

Hymne.

TE lucis ante terminum, Rerum creator poſcimus, Ut ſolita clementia, Sis præſul ad cuſtodiam.

Procul recedant ſomnia, Et noxium phantaſmata, Hoſtemque noſtrum comprime, Ne polluantur corpora.

Præſta, Pater omnipotens, Per Jeſum Chriſtũ Dominum, Qui tecum in perpetuum, Regnat cum ſancto Spiritu. Am.

CAPITULE.

OMnes vos filii lucis eſtis, & filii diei : non ſumus noctis : neque tenebrarum ; igitur non dormiamus ſicut & cæteri, ſed vigilemus & ſobrii ſimus.

℟. *br*. In manus tuas, Domine,* Commendo ſpiritum meum. In manus. ℣. Redemiſti † me, Domine, * Deus veritatis : * Commendo. In manus.

℣. Cuſtodi † me, Domine, ut pupillam oculi : ℟. Sub umbra alarum tuarum protege † me.

CANTIQUE DE S. SIMEON.

NUnc dimittis ſervum tuum, Domine,* ſecundùm verbum tuum in pace.

A ROME.

CAP. *Jer*. 14. 9.

TU autem in nobis es, Domine, & nomen ſanctum tuum invocatum eſt ſuper nos, ne derelinquas nos Domine Deus noſter. ℟. Deo gratias.

A Rome. † nos

Quia viderunt oculi mei : ſalutare tuum.

Quod paraſti : ante faciem omnium populorum.

Lumen ad revelationem gentium : & gloriam plebis tuæ Iſraël.

* *Ant.* Domine, dabis pacem nobis : omnia enim opera noſtra operatus es nobis.

℣. Dominus vobiſcum : ℟. Et cum ſpiritu tuo. Oremus.

VIſita, quæſumus, Domine, habitationem iſtam, & omnes inſidias inimici ab ea longè repelle : Angeli tui ſancti habitent in ea, qui nos in pace cuſtodiant ; & benedictio tua ſit ſuper nos ſemper. Per Dominum, &c.

℣. Dominus vobiſcum. Benedicamus Domino.

Après Complies, on dit tout bas.

Gratia Domini noſtri Jeſu Chriſti

A ROME.

* *Ant.* Salva nos, Dñe, vigilantes : cuſtod: nos dormientes ; ut vigilemus cum Chriſto, & requieſcamus in pace.

Bénéd. Benedicat & cu-

& caritas Dei, & communicatio ſancti Spiritûs ſit cum omnibus vobis. ℟. Amen.

ANTIENNE A LA SAINTE VIERGE *à dévotion.*

AVe, Regina cœlorum,
Ave, domina Angelorum;
Salve, radix, ſalve, porta;
Ex qua mundo lux eſt orta:
Gaude, Virgo glorioſa,
Super omnes ſpecioſa:
Vale, ô valde decora.
Et pro nobis Chriſtum exora.

*℣. Elegit eam Dominus, ℟. In habitationem ſibi. Oremus.

COncede, miſericors Deus, fragilitati noſtræ præſidium; ut qui ſanctæ Dei Genitricis memoriam agimus, interceſſionis ejus auxilio à noſtris iniquitatibus reſurgamus; Per eumdem Chriſtum.

A ROME.

ſtodiat nos omnipotens & miſericors Dominus: Pater & Filius & Spiritus ſanctus. ℟. Amen.

*℣. Dignare me laudare te, Virgo ſacrata. ℟. Da mihi virtutem contra hoſtes tuos.

LE MERCREDI SAINT,
A TENEBRES,
Qui se disent pour le Jeudi.

Après avoir dit tout bas, Pater, Ave, & Credo, *on commence de suite par l'imposition de l'Antienne sur le premier Pseaume : ce qui s'observe pendant ces trois jours.*

AU I. NOCTURNE.

Uare fremuerunt gentes : & populi meditati sunt inania ?

Astiterunt reges terræ, & principes convenerunt in unum : adversùs Dominum, & adversùs Christum ejus.

Dirumpamus vincula eorum : & projiciamus à nobis jugum ipsorum.

Qui habitat in cœlis irridebit eos : & Dominus subsannabit eos.

Tunc loquetur ad eos in ira sua : & in furore suo conturbabit eos.

Ego autem constitutus sum Rex ab eo super Sion montem sanctum ejus: prædicans præceptum ejus.

Dominus dixit ad me: Filius meus es tu, ego hodie genui te.

Poſtula à me, & dabo tibi gentes hereditatem tuam: & poſſeſſionem tuam terminos terræ.

Reges eos in virga ferrea: & tamquam vas figuli confringes eos.

Et nunc, reges, intelligite: erudimini, qui judicatis terram.

Servite Domino in timore: & exultate ei cum tremore.

Apprehendite diſciplinam, nequando iraſcatur Dominus: & pereatis de via juſta.

Cùm exarſerit in brevi ira ejus: beati omnes qui confidunt in eo.

Ant. Aſtiterunt reges terræ, & principes convenerunt in unum adversùs Dominum, & adversùs Chriſtum ejus.

A ROME.

Pſ. Salvum me fac, 2. *Pſ. du* 3. *Nocturne du Jeudy.*

Ant. Zelus domus tuæ comedit me, & opprobria exprobrantium tibi ceciderunt ſuper me.

DOminus regit me, & nihil mihi deerit : in loco paſcuæ ibi me collocavit.

Super aquam refectionis educavit me : animam meam convertit.

Deduxit me ſuper ſemitas juſtitiæ : propter nomen ſuum.

Nam & ſi ambulavero in medio umbræ mortis, non timebo mala : quoniam tu mecum es.

Virga tua, & baculus tuus : ipſa me conſolata ſunt.

Paraſti in conſpectu meo menſam : adversùs eos qui tribulant me.

Impinguaſti in oleo caput meum : & calix meus inebrians quam præclarus eſt !

Et miſericordia tua ſubſequetur me : omnibus diebus vitæ meæ.

Et ut inhabitem in domo Domini : in longitudinem dierum.

Ant. Paraſti, Domine, in conſpe-

A ROME.

Pſ. Deus in adjutoriũ, 2. *Pſ. de Laudes du jour de Paques.*

Ant. Advertantur retrorſum, & erubeſcant, qui cogitant mihi mala.

ctu meo menſam, adversùs eos qui tribulant me : & calix meus inebrians quam præclarus eſt!

JUdica me, Domine, quoniam ego in innocentia mea ingreſſus ſum : & in Domino ſperans, non infirmabor.

Proba me, Domine, & tenta me : ure renes meos & cor meum.

Quoniam miſericordia tua ante oculos meos eſt : & complacui in veritate tua.

Non ſedi cum concilio vanita-

A ROME.

IN te, Domine, ſperavi, non confundar in æternum : in juſtitia tua libera me, & eripe me.

Inclina ad me aurem tuam : & ſalva me.

Eſto mihi in Deum protectorem, & in locum munitum : ut ſalvum me facias.

Quoniam firmamentũ meum : & refugium meũ es tu.

Deus meus, eripe me de manu peccatoris : & de manu contra legem agentis, & iniqui.

Quoniam tu es patientia mea, Domine : Domine, ſpes mea à juventute mea.

In te confirmatus ſum ex utero : de ventre matris meæ tu es protector meus.

In te cantatio mea ſemper : tanquam prodigium factus ſum multis, & tu adjutor fortis.

Repleatur os meum laude, ut cantem gloriam tuam : totâ die magnitudinem tuam.

tis : & cum iniqua gerentibus non introibo.

Odivi ecclesiam malignantium : & cum impiis non sedebo.

Lavabo inter innocentes manus meas : & circumdabo altare tuum, Domine.

Ut audiam vocem laudis : & enarrem universa mirabilia tua.

Domine, dilexi decorem domûs tuæ : & locum habitationis gloriæ tuæ.

Ne perdas cum impiis, Deus,

A ROME.

Ne projicias me in tempore senectutis : cum defecerit virtus mea, ne derelinquas me.

Quia dixerunt inimici mei mihi : & qui custodiebant animam meam, consilium fecerunt in unum.

Dicentes, Deus dereliquit eum, persequimini & comprehendite eum : quia non est qui eripiat.

Deus, ne elongeris à me ; Deus meus in auxilium meum respice.

Confundantur, & deficiant detrahentes animæ meæ : operiantur confusione & pudore qui quærunt mala mihi.

Ego autem semper sperabo : & adjiciam super omnem laudem tuam.

Os meum annuntiabit justitiam tuam : tota die salutare tuum.

Quoniam non cognovi litteraturam, introibo in potentias Domini : Domine, memorabor justitiæ tuæ solius.

Deus docuisti me à juventute mea : & usque nunc pronuntiabo mira-

animam meam : & cum viris ſanguinum vitam meam.

In quorum manibus iniquitates ſunt : dextera eorum repleta eſt muneribus.

Ego autem in innocentia mea ingreſſus ſum : redime me, & miſerere mei.

Pes meus ſtetit in directo : in eccleſiis benedicam te, Domine.

Ant. Cum impiis non ſedebo : lavabo inter innocentes manus meas.

A Rome.

bilia tua.

Et uſque in ſenectam & ſenium : Deus, ne derelinquas me.

Donec annuntiem brachium tuum : generationi omni quæ ventura eſt.

Potentiam tuam & juſtitiam tuam Deus, uſque in altiſſima, quæ feciſti magnalia : Deus, quis ſimilis tibi ?

Quantas oſtendiſti mihi tribulationes multas & malas : & converſus viviſicaſti me ; & de abyſſis terræ iterum reduxiſti me!

Multiplicaſti magnificentiam tuam : & converſus conſolatus es me.

Nam & ego confitebor tibi in vaſis pſalmi veritatem tuam : Deus pſallam tibi in cithara, ſanctus Iſraël.

Exultabunt labia mea cùm cantavero tibi : & anima mea quam redemiſti.

Sed & lingua mea totâ die meditabitur juſtitiam tuam : cùm confuſi & reveriti fuerint qui quærunt mala mihi.

Ant, Deus meus eripe me de manu peccatoris.

℣. Lavabis me, Domine, ℟. Et ſuper nivem dealbabor.

Pendant ces trois jours, après le ℣. de chaque Nocturne, on dit tout bas, Pater noſter, *& auſſi-tôt, ſans Abſolution ni Bénediction, on lit les Leçons, à la fin deſquelles on ne dit ni* Tu autem, *ni* Deo gratias.

LEÇON I.

Incipit Lamentatio Jeremiæ Prophetæ.

1. QUomodo ſedet ſola civitas plena populo! facta eſt quaſi vidua domina gentium: princeps provinciarum facta eſt ſub tributo. 2. Plorans ploravit in nocte, & lacrymæ ejus in maxillis ejus: non eſt qui conſoletur eam ex omnibus caris ejus: omnes amici ejus ſpreverunt eam, & facti ſunt ei inimici. 3. Migravit Judas propter

A ROME.

℣. Avertantur retrorſum, & erubeſcant.

℟. Qui cogitant mihi mala.

Leçon cy-deſſus, en diſant au chiffre 1. ALEPH. 2. BETH. 3. GHIMEL. 4. DALETH. 5. HE'.

afflictionem & multitudinem servitutis; habitavit inter gentes, nec invenit requiem : omnes persecutores ejus apprehenderunt eam inter angustias. 4. Viæ Sion lugent, eò quòd non sint qui veniant ad solemnitatem : omnes portæ ejus destructæ, sacerdotes ejus gementes, virgines ejus squalidæ, & ipsa oppressa amaritudine. 5. Facti sunt hostes ejus in capite, inimici ejus locupletati sunt; quia Dominus locutus est super eam propter multitudinem iniquitatum ejus: parvuli ejus ducti sunt in captivitatem ante faciem tribulantis.* Jerusalem, Jerusalem, convertere ad Dominum Deum tuum.

**Ainsi l'on finit les Leçons du* I. Nocturne.

℟. Cœnâ factâ, surgit Jesus à cœna, & cœpit lavare pedes discipulorum, & dicit Petro : * Vos

A ROME.

℟. In monte Oliveti oravit ad Patrem : Pater, si fieri potest, transeat à me calix iste. † Spiritus quidem promptus est, caro autem infirma: fiat vo-

mundi estis, sed non omnes; sciebat enim quisnam esset qui traderet eum. ℣. Non supergaudeant mihi qui adversantur mihi iniquè; qui oderunt me gratis, & annuunt oculis: * Vos mundi.

LEÇON II.

1. ET egressus est à filia Sion omnis decor ejus: facti sunt principes ejus velut arietes non invenientes pascua; & abierunt absque fortitudine ante faciem subsequentis. 2. Recordata est Jerusalem dierum afflictionis suæ, & prævaricationis omnium desiderabilium suorum, quæ habuerat à diebus antiquis, cùm caderet populus ejus in manu hostili, & non esset auxiliator: viderunt eam hostes, & deriserunt sabbata ejus. 3. Peccatum peccavit Jerusalem; propterea

A ROME.

luntas tua. ℣. Vigilate, & orate, ut non intretis in tentationem. † Spiritus.

Leçon cy-dessus en disant au chiffre 1. VAU. 2. ZAIN. 3. HETH. 4. TETH.

instabilis

inſtabilis facta eſt. Omnes qui glorificabant eam, ſpreverunt illam, quia viderunt ignominiam ejus; ipſa autem gemens, converſa eſt retrorsùm. 4. Sordes ejus in pedibus ejus, nec recordata eſt finis ſui: depoſita eſt vehementer, non habens conſolatorem: vide, Domine, afflictionem meam, quoniam erectus eſt inimicus. Jeruſalem.

℟. Turbatus eſt Jeſus ſpiritu, & proteſtatus eſt, & dixit: Amen, amen dico vobis, quia unus ex vobis tradet me:* Ecce manus tradentis me mecum eſt in menſa. ℣. Homo pacis meæ qui edebat panes meos, magnificavit ſuper me ſupplantationem: * Ecce manus.

LEÇON III.

1. MAnum ſuam miſit hoſtis ad omnia deſiderabilia ejus; quia vidit gentes ingreſſas ſan-

A ROME.

℟. Triſtis eſt anima mea uſque ad mortem: ſuſtinete hic, & vigilate mecum: tunc videbitis

ctuarium suum, de quibus præceperas ne intrarent in Ecclesiam tuam. 2. Omnis populus ejus gemens, & quærens panem, dederunt pretiosa quæque pro cibo ad refocillandam animam. Vide, Domine, & considera, quoniam facta sum vilis. 3. O vos omnes qui transitis per viam, attendite, & videte si est dolor sicut dolor meus; quoniam vindemiavit me, ut locutus est Dominus in die iræ furoris sui. 4. De excelso misit ignem in ossibus meis, & erudivit me: expandit rete pedibus meis, convertit

A ROME.

turbam quæ circumdabit me:* Vos fugam capietis, & ego vadam immolari pro vobis.

℣. Ecce appropinquat hora, & Filius hominis tradetur in manus peccatorum. * Vos fugam.

Leçon ci-dessus. disant au chiffre 1. JOD. 2. CAPH. 3. LAMED. 4. MEM. 5. NUN.

℟. Ecce vidimus eum non habentem speciem, neque decorem: aspectus ejus in eo non est: hic peccata nostra portavit, & pro nobis dolet, ipse autem vulneratus est propter iniquitates nostras: * Cujus livore sanati sumus.

℣. Verè languores nostros ipse tulit, & dolores nostros ipse portavit.

* Cujus livore.

me retrorsùm : posuit me desolatam, totâ die mœrore confectam.

5. Vigilavit jugum iniquitatum mearum : in manu ejus convolutæ sunt, & impositæ collo meo : infirmata est virtus mea : dedit me Dominus in manu, de qua non potero surgere. Jerusalem.

℟. Filius hominis vadit, sicut scriptum est de illo : væ autem homini illi per quem Filius hominis tradetur : * Bonum erat ei si natus non fuisset homo ille. ℣. Dilexi maledictionem, & veniet ei ; & noluit benedictionem, & elongabitur ab eo : * Bonum erat ei.

II. NOCTURNE.

AD te, Domine, clamabo ; Deus meus, ne sileas à me : nequando taceas à me, & assimi-

A ROME. II. NOCT.

DEus, judicium tuum Regi da : & justitiã tuam filio Regis.

Judicare populum tuũ in justitia : & pauperes tuos in judicio.

Suscipiant montes pacem populo : & colles justitiam.

Judicabit pauperes po-

labor descendentibus in lacum.

Exaudi, Domine, vocem deprecationis meæ, dum oro ad te: dum extollo manus meas ad templum sanctum tuum.

Ne simul trahas me cum peccatoribus: & cum operantibus iniquitatem ne perdas me.

Qui loquuntur pacem cum proximo suo: mala autē in cordibus eorū.

Da illis secundùm opera eorum: & secundùm nequitiam adinventionum ipsorum.

Secundùm opera manuum eo-

A Rome.

puli, & salvos faciet filios pauperum: & humiliabit calumniatorem.

Et permanebit cum Sole & ante Lunam: in generatione & generationem.

Descendet sicut pluvia in vellus: & sicut stillicidia stillantia super terrā.

Orietur in diebus ejus justitia, & abundantia pacis: donec auferatur Luna.

Et dominabitur à mari usque ad mare: & à flumine usque ad terminos orbis terrarum.

Coram illo procident Æthiopes: & inimici ejus terram lingent.

Reges Tharsis & insulæ munera offerent: Reges Arabum & Saba dona adducent.

Et adorabunt eum omnes Reges terræ: omnes gentes servient ei.

Quia liberabit pauperē à potente: & pauperem

rum tribue illis : redde retributionem eorum ipsis.

Quoniam non intellexerunt opera Domini, & in opera manuum ejus : destrues illos, & non ædificabis eos.

Benedictus Dominus : quoniam exaudivit vocē deprecationis meæ.

Dominus adjutor meus, & protector meus : in ipso speravit cor meum, & adjutus sum.

Et refloruit caro mea : & ex voluntate mea confitebor ei.

Dominus fortitudo plebis suæ : & protector salvationū christi sui est.

A Rome.

cui non erat adjutor.

Parcet pauperi & inopi : & animas pauperum salvas faciet.

Ex usuris & iniquitate redimet animas eorum : & honorabile nomen eorum coram illo.

Et vivet & dabitur ei de auro Arabiæ, & adorabunt de ipso semper : totâ die benedicent ei.

Et erit firmamentum in terra, in summis montiū ; superextolletur super Libanum fructus ejus : & florebunt de civitate sicut fœnum terræ.

Sit nomen ejus benedictum in sæcula, antè solē permanet nomen ejus.

Et benedicentur in ipso omnes tribus terræ : omnes gentes magnificabunt eum.

Benedictus Dominus

Salvum fac populum tuum, Domine, & benedic hereditati tuæ: & rege eos, & extolle illos usque in æternum.

Ant. Cum operantibus iniquitatem ne perdas me: qui loquuntur pacem cum proximo suo; mala autem in cordibus eorum.

EXpectans expectavi Dominum: & intendit mihi.

Et exaudivit preces meas: & eduxit me de lacu miseriæ, & de luto fæcis.

Et statuit super petram pedes meos: & direxit gressus meos.

A ROME.

Deus Israël: qui facit mirabilia solus.

Et benedictum nomen majestatis ejus in æternũ: & replebitur majestate ejus omnis terra: fiat, fiat.

Ant. Liberavit Dominus pauperem à potente: & pauperem cui non erat adjutor.

QUam bonus Israël Deus: his qui recto sunt corde!

Mei autem penè moti sunt pedes: penè effusi sunt gressus mei.

Quia zelavi super iniquos: pacem peccatorum videns.

Quia non est respectus morti eorum: & firmamentum in plaga eorum.

In labore hominum non sunt: & cum hominibus non flagellabuntur.

Ideò tenuit eos superbia: operti sunt in iniquitate & impietate sua.

Et immisit in os meum canticum novum : carmen Deo nostro.

Videbunt multi, & timebunt : & sperabunt in Domino.

Beatus vir cujus est nomen Domini spes ejus : & non respexit in vanitates & insanias falsas.

Multa fecisti tu, Domine Deus meus, mirabilia tua : & cogitationibus tuis non est qui similis sit tibi.

Annuntiavi & locutus sum : multiplicati sunt super numerum.

Sacrificium & oblationem noluisti : aures autem perfecisti mihi.

Holocaustum & pro peccato non

A Rome.

Prodiit quasi ex adipe iniquitas eorum, transierunt in affectum cordis.

Cogitaverunt, & locuti sunt nequitiam : iniquitatem in excelso locuti sunt.

Posuerunt in cœlum os suum : & lingua eorum transivit in terra.

Ideo convertetur populus meus hic : & dies pleni invenietur in eis.

Et dixerunt : Quomodo scit Deus ? & si est scientia in excelso ?

Ecce ipsi peccatores & abundantes in sæculo : obtinuerunt divitias.

Et dixi : Ergo sine causa justificavi cor meum : & lavi inter innocentes manus meas ?

Et fui flagellatus totâ die : & castigatio mea in matutinis.

Si dicebam, Narrabo sic : ecce nationem filio-

postulasti : tunc dixi, Ecce venio.

In capite libri scriptum est de me, ut facerem voluntatem tuam : Deus meus, volui, & legem tuam in medio cordis mei.

Annuntiavi justitiam tuam in ecclesia magna : ecce labia mea non prohibebo ; Domine, tu scisti.

Justitiam tuam non abscondi in corde meo : veritatem tuam & salutare tuum dixi.

Non abscondi misericordiam tuã & veritatem tuã : à concilio multo.

Tu autem, Domine, ne longè facias miserationes tuas à me : misericordia tua & veritas tua semper susceperunt me.

Quoniam circumdederunt me mala, quorum non est numerus :

rum tuorum reprobavi.

Existimabam ut cognoscerem hoc : labor est ante me.

Donec intrem in sanctuarium Dei : & intelligam in novissimis eorum.

Verumtamen propter dolos posuisti eis : dejecisti eos dum allevarentur.

Quomodo facti sunt in desolationem, subito defecerunt : perierũt propter iniquitatem suam.

comprehenderunt me iniquitates meæ; & non potui ut viderem.

Multiplicatæ ſunt ſuper capillos capitis mei : & cor meum dereliquit me.

Complaceat tibi, Domine, ut eruas me : Domine, ad adjuvandum me reſpice.

Confundantur & revereantur ſimul, qui quærunt animam meam : ut auferant eam.

Convertantur retrorsùm, & revereantur : qui volunt mihi mala.

Ferant confeſtim confuſionem ſuam : qui dicunt mihi; Euge, euge.

Exultent & lætentur ſuper te omnes quærentes te : & dicant ſemper, Magnificetur Dominus, qui diligunt ſalutare tuum.

A Rome.

Velut ſomnium ſurgentium, Domine : in civitate tua imaginem ipſorum ad nihilum rediges.

Quia inflammatum eſt cor meum, & renes mei commutati ſunt : & ego ad nihilum redactus ſum, & neſcivi.

Ut jumentum factus ſum apud te : & ego ſemper tecum.

Tenuiſti manum dexteram meam, & in volun-

Ego autem mendicus ſum & pauper : Dominus ſollicitus eſt mei.

Adjutor meus & protector meus tu es : Deus meus, ne tardaveris.

Ant. Confundantur & revereantur ſimul, qui quærunt animam meam, ut auferant eam.

BEatus qui intelligit ſuper egenum & pauperem : in die mala liberabit eum Dominus.

Dominus conſervet eum, & vivificet eum ; & beatum faciat eum in terra : & non tradat eum in animam inimicorum ejus.

Dominus opem ferat illi ſuper lectum doloris ejus : univerſum ſtratum ejus verſaſti in infirmitate ejus.

Ego dixi ; Domine, miſerere mei : ſana animam meam, quia

A Rome.

tate tua deduxiſti me : & cum gloria ſuſcepiſti me.

Quid enim mihi eſt in cœlo : & à te quid volui ſuper terram ?

Defecit caro mea, & cor meum : Deus cordis mei, & pars mea Deus in æternum.

Quia ecce qui elongant ſe à te, peribunt : perdidiſti omnes qui fornicantur abs te.

Mihi autem adhærere

peccavi tibi.

Inimici meì dixerunt mala mihi : Quando morietur, & peribit nomen ejus ?

Et ſi ingrediebatur ut videret, vana loquebatur : cor ejus congregavit iniquitatem ſibi.

Egrediebatur foras : & loquebatur in idipſum.

Adversùm me ſuſurrabant omnes inimici mei : adversùm me cogitabant mala mihi.

Verbum iniquum conſtituerunt adversùm me : numquid qui dormit non adjiciet ut reſurgat ?

Etenim homo pacis meæ in quo ſperavi, qui edebat panes meos : magnificavit ſuper me ſupplantationem.

Tu autem, Domine, miſerere

A ROME.

Deo bonum eſt : ponere in Domino Deo ſpem meam.

Ut annuntiem omnes prædicationes tuas : in portis filiæ Sion.

Ant. Cogitaverunt impii, & locuti ſunt nequitiam : iniquitatem in excelſo locuti ſunt.

Ut quid Deus, 3. *Pſ. du 3. Noct. de Jeudy.*

mei, & resuscita me: & retribuā eis.

In hoc cognovi quoniam voluisti me : quoniam non gaudebit inimicus meus super me.

Me autem propter innocentiam suscepisti : & confirmasti me in conspectu tuo in æternum.

Benedictus Dominus Deus Israël à sæculo, & usque in sæculum : fiat, fiat.

Ant. Adversùm me susurrabant omnes inimici mei : verbum iniquum constituerunt adversùm me.

℣. Pro eo ut me diligerent, detrahebant mihi ;

℟. Ego autem orabam.

LEÇON IV.

Sermo sancti Joannis Chrysostomi.

HOdie, dilectissimi fratres, Dominus noster Jesus Christus traditus est : hujus namque diei

A ROME.

Ant. Exurge, Deus, judica causam meam.

℣. Deus meus, eripe me de manu peccatoris.

℟. Et de manu contra legem agentis, & iniqui.

Pater noster, *tout bas.*

veſperâ Judæi, illo comprehenſo, abierunt. Verùm ne contriſteris audiens Chriſtum proditum eſſe : imò potiùs contriſtare, & acerbè luge non proditum, ſed proditorem Judam. Etenim qui proditus eſt, mundum ſalvum fecit ; proditor verò animam ſuam perdidit. Qui proditus eſt, ad dexteram Patris ſedet in cœlis : proditor in inferno nunc eſt, inevitabile ferens ſupplicium. Hujus causâ luge & ingemiſce : hujus causâ lacrymare ; ejus quippe causâ flevit Chriſtus. Nam cùm vidiſſet eum, inquit, turba-

A Rome.

IV. Leçon.

Ex Tractatu ſancti Auguſtini Epiſcopi, ſuper Pſalmos.

Exaudi, Deus, deprecationem meam, & ne deſpexeris precem meam ; intende mihi, & exaudi me. Satagentis, ſolliciti, in tribulatione poſiti, verba ſunt iſta. Orat multa patiens, de malo liberari deſiderans. Supereſt, ut audiamus in quo malo ſit ; & cum dicere cœperit, agnoſcamus ibi nos eſſe : ut communicata tribulatione, conjugamus orationē. Contriſtatus ſum, inquit, in exercitatione mea, & conturbatus ſum. Ubi contriſtatus ? Ubi conturbatus ? In exercitatione mea, inquit. Homines malos, quos patitur,

tus eſt, & dixit : Unus ex vobis tradet me.

℟. Jeſus cùm intinxiſſet panem, dedit Judæ Simonis Iſcariotæ ; & * Poſt buccellam introivit in eum ſatanas. ℣. Fiat menſa eorum coram ipſis in laqueum, & in retributiones, & in ſcandalum. * Poſt buccellam introivit.

Leçon V.

Erat olim Paſcha Judaicum, ſed nunc ſolutum eſt, advenitque ſpirituale Paſcha, quod tradidit Chriſtus. Illis enim manducantibus ac bibentibus, inquit, ac-

A Rome.

commemoratus eſt, eamdemque paſſionem malorum hominum exercitationem ſuam dixit. Ne putetis gratis eſſe malos in hoc mundo, & nihil boni de illis agere Deum. Omnis malus aut ideo vivit, ut corrigatur ; aut ideo vivit, ut per illum bonus exerceatur.

℟. Amicus meus oſculi me tradidit ſigno ; quem oſculatus fuero, ipſe eſt, tenete eum : hoc malum fecit ſignum, qui per oſculum adimplevit homicidium. * Infelix prætermiſit pretium ſanguinis : & in fine laqueo ſe ſuſpendit. ℣. Bonum erat ei, ſi natus non fuiſſet homo ille. * Infelix.

V. Leçon.

Utinam ergo qui nos modo exercent, convertantur, & nobiſcum exerceantur : tamen quã-

cipiens panem, fregit & dixit : Hoc eſt Corpus meum, quod pro vobis frangitur in remiſſionem peccatorum. Sciunt ii qui initiati ſunt illa quæ dicuntur. Et rurſus calicem, dicens : Hic eſt Sanguis meus, qui pro multis effunditur in remiſſionem peccatorum. Aderat Judas, hæc Chriſto dicente. Hoc eſt corpus quod vendidiſti, Juda, trigenta argenteis, pro quo nuper pacta impudenter inibas cum improbis Phariſæis. O Chriſti benignitatem! O Judæ dementiam & inſaniam! ille namque vendidit illum triginta

A ROME.

diu ita ſunt, ut exerceant nos, non eos oderimus : quia in eo quod malus eſt quis eorum, utrum uſque in finem perſeveraturus ſit ignoramus. Et plerumque cum tibi videris odiſſe inimicum, fratrem odiſti & neſcis. Diabolus & angeli ejus in Scripturis ſanctis manifeſtati ſunt nobis, quod ad ignem æternum ſunt deſtinati : ipſorum tantum deſperanda eſt correctio, contra quos habemus occultam luctā, ad quam luctam nos armat Apoſtolus, dicens : Non eſt nobis colluctatio adverſus carnē & ſanguinem, id eſt, non adversùs homines quos videtis, ſed adversùs Principes & Poteſtates & Rectores mundi tenebrarum harū. Ne fortè cùm dixiſſet mūdi, intelligeres dæmones eſſe Rectores cœli & ter-

denariis: Christus verò postea non recusavit hunc ipsum sanguinem venditum vendenti dare in remissionem peccatorum, si ipse voluisset. Aderat Judas, & sacræ mensæ particeps erat. Sicut enim pedes ejus lavit, ut & aliorum discipulorũ; ita & sacræ mensæ particeps ille fuit, ut nullum excusationis locum haberet, si in nequitia perseveraret. Omnia enim quæ penes se erant, Dominus ei tribuerat & protulerat; ille verò in malo suo proposito mansit.

℟. Accepto Jesus pane, gratias egit, & fregit, & dedit discipulis suis, dicens: Hoc est corpus meum quod pro vobis datur: * Hoc fa-

A ROME.

ræ; mundi dixit, tenebrarum harum: mundi dixit, amatorum mundi: mundi dixit, impiorum & iniquorum: mundi dixit, de quo in Evangelio dicit: Et mundus eum non cognovit.

℟. Judas mercator pessimus osculo petiit Dominum: ille, ut agnus innocens, non negavit Judæ osculum. * Denariorum numero Christũ Judæis tradidit. ℣. Melius illi erat, si natus non fuisset. * Denariorum.

cite in meam commemorationem. ℣. Cùm dixerint vobis filii vestri : Quæ est ista religio ? dicetis eis : Victima transitus Domini est.* Hoc facite.

Leçon VI.

SEd tempus demum est ad terribilem hanc mensam accedendi. Omnes itaque accedamus cum congruenti temperantia ac vigilantia. Nullus ultrà Judas esto, nullus improbus, nullus veneno infectus, neque alia in ore versans, alia in mente retinens. Adest Christus ; & nunc is qui mensam illam apparavit, hic ipse hanc nunc exornat. Non enim homo est qui facit ut proposita efficiantur corpus & san-

A Rome.

VI. Leçon.

QUoniam vidi iniquitatem, & contradictionem in civitate. Christus venit. Attende gloriam crucis ipsius. Jam in fronte Regum crux illa fixa est, cui inimici insultaverunt. Effectus probavit virtutem. Domuit orbem non ferro sed ligno. Lignum crucis contumeliis dignum visum est inimicis, & antè ipsum lignum stantes, caput agitabant, & dicebant : Si Filius Dei es, descende de cruce. Extendebat ille

guis Christi; sed ipse Christus qui pro nobis crucifixus est. Figuram implens stat sacerdos, verba illa proferens; virtus autem & gratia Dei est. Hoc est corpus meum, inquit. Hoc verbum transformat ea quæ proposita sunt. Ac quemadmodum vox illa, Crescite & multiplicamini, & replete terram, semel quidem prolata est, omni verò tempore naturæ nostræ vim præbet ad filiorum procreationem; ita & vox hæc semel prolata in ecclesiis ad unamquamque mensam, ab illo ad hodiernum usque tem-

A ROME.

manus suas ad populum non credentem, & contradicentem. Si enim justus est qui ex fide vivit, iniquus est qui non habet fidem. Quod ergo hic ait, iniquitatem, perfidiã intellige. Videbat ergò Dominus in civitate iniquitatem & contradictionem, & extendebat manus suas ad populum non credentem & contradicentem; & tamen ipsos expectans dicebat: Pater, ignosce illis, quia nesciunt quid faciunt.

℟. Unus ex discipulis meis tradet me hodie: væ illi per quem tradar ego. * Melius illi erat, si natus non fuisset. ℣. Qui intingit mecum manum in paropside, hic me traditurus est in manus peccatorum. * Melius.

pus, & ad uſque adventum, ejus, ſacrificium perfectum efficit.

℟. Accepto Jeſus calice, gratias agens dedit eis; & biberunt ex illo omnes. * Et ait Jeſus: Hic eſt ſanguis meus novi teſtamenti, qui pro multis effundetur. ℣. Moyſes ſumptum ſanguinem reſperſit in populum, & ait: Hic eſt ſanguis fœderis quod pepigit Dominus vobiſcum. * Et ait Jeſus: Hic eſt.

III. NOCTURNE.

EXaudi, Deus, orationem meã, & ne deſpexeris deprecationem meam: intende mihi, & exaudi me.

Contriſtatus ſum in exercitatione mea: & conturbatus ſum à voce ini-

A Rome. III. Noct.

COnfitebimur tibi, Deus: confitebimur, & invocabimus nomen tuum.

Narrabimus mirabilia tua: cùm accepero tempus ego juſtitias judicabo.

Liquefacta eſt terra, & omnes qui habitant in ea: ego confirmavi columnas ejus.

Dixi iniquis, Nolite inique agere: & delinquentibus, Nolite exaltare cornu.

Nolite extollere in al-

mici, & à tribulatione peccatoris.

Quoniam declinaverunt in me iniquitates : & in ira molesti erant mihi.

Cor meum conturbatum est in me : & formido mortis cecidit super me.

Timor & tremor venerunt super me : & contexerunt me tenebræ.

Et dixi : Quis dabit mihi pennas sicut columbæ ? & volabo, & requiescam.

Ecce elongavi fugiens : & mansi in solitudine.

Expectabam eum qui salvum me fecit à pusillanimitate spiritus : & tempestate.

Præcipita, Domine, divide linguas eorum : quoniam vidi iniquitatem & contradictionẽ in civitate.

Die ac nocte circumdabit eam

tum cornu vestrum : Nolite loqui adversus Deum iniquitatem.

Quia neque ab Oriente, neque ab Occidente, neque à desertis montibus : quoniam Deus judex est.

ſuper muros ejus iniquitas : & labor in medio ejus, & injuſtitia.

Et non defecit de plateis ejus : uſura & dolus.

Quoniam ſi inimicus meus maledixiſſet mihi : ſuſtinuiſſem utique.

Et ſi is qui oderat me, ſuper me magna locutus fuiſſet : abſcondiſſem me forſitan ab eo.

Tu verò, homo unanimis : dux meus & notus meus.

Qui ſimul mecum dulces capiebas cibos : in domo Dei ambulavimus cum conſenſu.

Veniat mors ſuper illos : & deſcendant in infernum viventes.

Quoniam nequitiæ in habitaculis eorum : in medio eorum.

Ego autem ad Deum clamavi : & Dominus ſalvabit me.

Veſpere, & mane, & meridie

A Rome.

Hunc humiliat, & hunc exaltat : quia calix in manu Domini vini meri plenus mixto.

Et inclinavit ex hoc in hoc ; verumtamem fæx ejus non eſt exinanita : bibent omnes peccatores

narrabó & annuntiabo : & exaudiet vocem meam.

Redimet in pace animam meam ab his qui appropinquant mihi : quoniam inter multos erant mecum.

Exaudiet Deus, & humiliabit illos : qui eſt ante ſæcula.

Non enim eſt illis commutatio, & non timuerunt Deum : extendit manum ſuam in retribuendo.

Contaminaverunt teſtamentum ejus, diviſi ſunt ab ira vultûs ejus : & appropinquavit cor illius.

Molliti ſunt ſermones ejus ſuper oleum : & ipſi ſunt jacula.

Jacta ſuper Dominum curam tuam, & ipſe te enutriet : non dabit in æternum fluctuationem juſto.

Tu verò, Deus : deduces eos in puteum interitûs.

A ROME.

terræ.

Ego autem annuntiabo in ſæculū : cantabo Deo Jacob.

Et omnia cornua peccatorum confringam : & exaltabuntur cornua juſti.

Viri ſanguinum & doloſi non dimidiabunt dies ſuos : ego autem ſperabo in te, Domine.

Ant. Cor meum conturbatum eſt in me, & formido mortis cecidit ſuper me.

Miſerere mei, Deus, quoniam conculcavit me homo : totâ die impugnans tribulavit me.

Conculcaverunt me inimici mei totâ die : quoniam multi bellantes adversùm me.

Ab altitudine diei timebo : ego verò in te ſperabo.

In Deo laudabo ſermones meos, in Deo ſperavi : non timebo quid faciat mihi caro.

Totâ die verba mea execrabantur : adversùm me omnes cogitationes eorum in malum.

Inhabitabunt & abſcondent : ipſi

A Rome.

Ant. Dixi iniquis: Nolite loqui adverſus Deum iniquitatem.

Pſ. Notus in. I. *Pſ. du troiſiéme Nocturne de Vendredy.*

calcaneum meum obſervabunt.

Sicut ſuſtinuerunt animam meã, pro nihilo ſalvos facies illos : in ira populos confringes.

Deus, vitam meam annuntiavi tibi : poſuiſti lacrymas meas in conſpectu tuo, ſicut & in promiſſione tua.

Tunc convertentur inimici mei retrorsùm : in quacumque die invocavero te.

Ecce cognovi : quoniam Deus meus es.

In Deo laudabo verbum : in Domino laudabo ſermonem.

In Deo ſperavi : non timebo quid faciat mihi homo.

In me ſunt, Deus, vota tua : quæ reddam, laudationes tibi.

Quoniam eripuiſti animam meam

A ROME.

VOce mea ad Dominum clamavi : voce mea ad Deum, & intendit mihi.

In die tribulationis meæ Deum exquiſivi, manibus meis nocte contra eũ : & non ſum deceptus.

Renuit conſolari anima mea : memor fui Dei, & delectatus ſum, & exercitatus ſum, & defecit

de

de morte, & pedes meos de lapſu: ut placeam coram Deo in lumine viventium.

Ant. Suſtinuerunt animam meã: poſuiſti lacrymas meas in conſpectu tuo, Domine.

DEus, laudem meam ne tacueris: quia os peccatoris, & os doloſi ſuper me apertum eſt.

Locuti ſunt adversùm me linguâ dolosâ, & ſermonibus odii circumdederunt me: & expugnaverunt me gratis.

Pro eo ut me diligerent, detrahebant mihi: ego autem orabam.

Et poſuerunt adversùm me mala pro bonis: & odium pro dilectione mea.

Conſtitue, Domine, ſuper eum

A ROME.

ſpiritus meus.

Anticipaverunt vigilias oculi mei: turbatus ſum, & non ſum locutus.

Cogitavi dies antiquos: & annos æternos in mente habui.

Et meditatus ſum nocte cum corde meo; & exercitabar, & ſcopebam ſpiritum meum.

Numquid in æternum projiciet Deus: aut non apponet, ut complaci-

peccatorem : & diabolus ſtet à dextris ejus.

Cùm judicatur, exeat condemnatus : & oratio ejus fiat in peccatum.

Fiant dies ejus pauci : & epiſcopatum ejus accipiat alter.

Fiant filii ejus orphani : & uxor ejus vidua.

Nutantes transferantur filii ejus, & mendicent : & ejiciantur de habitationibus ſuis.

Scutetur fœnerator omnem ſubſtantiam ejus : & diripiant alieni labores ejus.

Non ſit illi adjutor : nec ſit qui miſereatur pupillis ejus.

Fiant nati ejus in interitum : in generatione una deleatur nomẽ ejus.

A ROME.

tior ſit adhuc ?

Aut in finem miſericordiam ſuam abſcindet : à generatione in generationem ?

Aut obliviſcetur miſereri Deus ? aut continebit in ira ſua miſericordias ſuas ?

Et dixi ; Nunc cœpi : hæc mutatio dexteræ Excelſi.

Memor fui operum Domini : quia memor ero

In memoriam redeat iniquitas patrum ejus in conſpectu Domini : & peccatum matris ejus non deleatur.

Fiant contra Dominum ſemper : & diſpereat de terra memoria eorũ.

Pro eo quòd non eſt recordatus facere miſericordiam : & perſecutus eſt hominem inopem & mendicum , & compunctum corde , mortificare.

Et dilexit maledictionem , & veniet ei : & noluit benedictionem , & elongabitur ab eo.

Et induit maledictionem ſicut veſtimentum : & intravit ſicut aqua in interiora ejus , & ſicut oleum in oſſibus ejus.

Fiat ei ſicut veſtimentum quo operitur : & ſicut zona quâ ſem-

A Rome.

ab initio mirabilium tuorum.

Et meditabor in omnibus operibus tuis : & in adinventionibus tuis exercebor.

Deus in ſancto via tua; quis Deus magnus ſicut Deus noſter : tu es Deus qui facis mirabilia.

Notam feciſti in populis virtutem tuam : rede-

per præcingitur.

Hoc opus eorum qui detrahunt mihi apud Dominum : & qui loquuntur mala adversùs animam meam.

Es tu, Domine, Domine, fac mecum propter nomen tuum : quia ſuavis eſt miſericordia tua.

Libera me, quia egenus & pauper ego ſum, & cor meum conturbatum eſt intra me.

Sicut umbra, cum declinat, ablatus ſum : & excuſſus ſum ſicut locuſtæ.

Genua mea infirmata ſunt à jejunio : & caro mea immutata eſt propter oleum.

Et ego factus ſum opprobrium illis : viderunt me, & moverunt capita ſua.

A Rome.

miſti in brachio tuo populum tuum, filios Jacob & Joſeph.

Viderunt te aquæ : & timuerunt, & turbatæ ſunt abyſſi.

Multitudo ſonitus aquarum : vocem dederunt nubes.

Etenim ſagittæ tuæ tranſeunt : vox tonitrui tui in rota.

Adjuva me, Domine Deus meus: ſalvum me fac ſecundùm miſericordiam tuam.

Et ſciant quia manus tua hæc: & tu, Domine, feciſti eam.

Maledicent illi, & tu benedices: qui inſurgunt in me, confundantur; ſervus autem tuus lætabitur.

Induantur, qui detrahunt mihi, pudore: & operiantur ſicut diploide confuſione ſua.

Confitebor Domino nimis in ore meo: & in medio multorum laudabo eum.

Quia aſtitit à dextris pauperis: ut ſalvam faceret à perſequentibus animam meam.

Ant. Libera me, quia pauper

A Rome.

Illuxerunt corruſcationes tuæ orbi terræ: commota eſt, & contremuit terra.

In mari via tua, & ſemitæ tuæ in aquis multis: & veſtigia tua non cognoſcentur.

Deduxiſti ſicut oves populum tuum: in manu Moyſi & Aaron.

ego ſum, & cor meum conturbatum eſt intra me.

℣. Circumdederunt me dolores mortis, ℟. Et torrentes iniquitatis conturbaverunt me.

LEÇON VII.

De Epiſtola prima beati Pauli Apoſtoli ad Corinthios.

HOc præcipio, non laudans, quòd non in melius, ſed in deterius convenitis. Primùm quidem, convenientibus vobis in Eccleſiam, audio ſciſſuras eſſe inter vos, & ex parte credo. Nam oportet & hæreſes eſſe, ut & qui probati ſunt, manifeſti fiant in vobis. Convenientibus ergo vobis in unum, jam non eſt Dominicam cœnam manducare. Unuſquiſque enim ſuam cœnam præſumit ad manducandum. Et alius quidem eſurit;

A ROME.

Ant. In die tribulationis meæ, Deum exquiſivi manibus meis

℣. Exurge, Domine.
℟. Et judica cauſam meã.
Leçon ci-deſſus.

alius autem ebrius eſt. Numquid domos non habetis ad manducandum & bibendum ? aut Eccleſiam Dei contemnitis, & confunditis eos qui non habent ? Quid dicam vobis ? Laudo vos ? in hoc non laudo.

℟. Filioli, adhuc modicum vobiſcum ſum. Quæretis me, & ſicut dixi Judæis : Quò ego vado, vos non poteſtis venire. * Mandatum novum do vobis : Ut diligatis invicem, ſicut dilexi vos. ℣. Cuſtodite præcepta mea, & facite ea : Ego Dominus qui ſanctifico vos. * Mandatum.

LEÇON VIII.

EGo enim accepi à Domino quod & tradidi vobis ; quo-

A ROME.

℟. Eram quaſi agnus innocens : ductus ſum ad immolandum, & neſciebam ; conſilium fecerunt inimici mei adverſum me ; dicentes : † Venite, mittamus lignum panem ejus, & eradamus eum de terra viventium.

℣. Omnes inimici mei adverſum me cogitabant mala mihi ; verbum iniquum mandaverunt adverſum me, dicentes : † Venite.

Leçon ci-deſſus.

niam Dominus Jeſus in qua nocte tradebatur, accepit panem, & gratias agens, fregit, & dixit : Accipite, & manducate : hoc eſt Corpus meum, quod pro vobis tradetur : hoc facite in meam commemorationem. Similiter & calicem, poſtquam cœnavit, dicens : Hic calix novum teſtamentum eſt in meo ſanguine : hoc facite, quotieſcumque bibetis, in meam commemorationem. Quotieſcumque enim manducabitis panem hunc, & calicem bibetis, mortem Domini annuntiabitis donec veniat.

℟. Omnes vos ſcandalum patiemini in me in iſta nocte; ſcriptum eſt enim : Percutiam paſtorem, * Et diſpergentur oves gregis. ℣. Framea, ſuſcitare ſuper paſto-

A Rome.

℟. Unâ horâ non potuiſtis vigilare mecum, qui exhortabamini pro me ? * Vel Judam non videtis, quoniam non dormit, ſed feſtinat tradere me Judæis? ℣. Quid dormitis? ſurgite, & orate, ne intretis in tentationem. * Vel Judam.

rem meum, & ſuper virum cohærentem mihi, dicit Dominus: Percute paſtorem, * Et.

Leçon IX.

Itaque quicumque manducaverit panem hunc, vel biberit calicem Domini indignè, reus erit corporis & ſanguinis Domini. Probet autem ſeipſum homo; & ſic de pane illo edat, & de calice bibat. Qui enim manducat & bibit indignè, judicium ſibi manducat & bibit, non dijudicans corpus Domini. Ideo inter vos multi infirmi & imbecilles, & dormiunt multi. Quòd ſi noſmetipſos dijudicaremus, non utique judicaremur. Dum judicamur autem, à Domino corripimur, ut non cum hoc mundo damnemur. Itaque, fratres mei, cùm conve-

A Rome.

Leçon ci-deſſus.

℟. Seniores populi conſilium fecerunt, * Ut Jeſum dolo tenerent & occiderent: cum gladiis & fuſtibus exierunt, tanquã ad latronem.

℣. Collegerunt Pontifices & Phariſæi conſiliũ, * Ut Jeſum.

On répète Seniores populi, *juſqu'au* ℣.

nitis ad manducandum, invicem expectate. Si quis esurit, domi manducet; ut non in judicium conveniatis. Cætera autem, cùm venero, disponam.

℟. Pater, quos dedisti mihi custodivi : ego dedi eis sermonem tuum; * Et pro eis ego sanctifico meipsum, ut sint & ipsi sanctificati in veritate. ℣. Ecce ego & pueri mei, quos dedit mihi Dominus; * Et pro eis. *On repete le* ℟. Pater, *jusqu'au* ℣.

A LAUDES.

Omine, ne in furore tuo arguas me : neque in ira tua corripias me.

Miserere mei, Domine, quoniam infirmus sum : sana

A ROME. A LAUDES.

Le Ps. Miserere, *ci-après le Kyrie des Laudes.* *Ant.* Justificeris, Domine, in sermonibus tuis:

me, Domine, quoniam conturbata ſunt oſſa mea.

Et anima mea turbata eſt valdè : ſed tu, Domine, uſquequò ?

Convertere, Domine, & eripe animam meam : ſalvum me fac propter miſericordiam tuam.

Quoniam non eſt in morte qui memor ſit tui : in inferno autem quis confitebitur tibi ?

Laboravi in gemitu meo, lavabo per ſingulas noctes lectum meum : lacrymis meis ſtratum meũ rigabo.

Turbatus eſt à furore oculus meus : inveteravi inter omnes inimicos meos.

Diſcedite à me, omnes qui operamini iniquitatem : quoniam exaudivit Dominus vocem fletûs mei.

A ROME.

& vincas cum judicaris.

DOmine, refugium factus es nobis : à generatione in generationẽ.

Priuſquam montes fierent, aut formaretur terra & orbis : à ſæculo & uſque in ſæculũ tu es Deus.

Ne avertas hominem in humilitatem : & dixiſti : Convertimini filii hominum.

Exaudivit Dominus deprecationem meam : Dominus orationem meam ſuſcepit.

Erubeſcant & conturbentur vehementer omnes inimici mei ; convertantur & erubeſcant valde velociter.

Ant. Cœpit Jeſus pavere & tædere ; & ait diſcipulis ſuis : Triſtis eſt anima mea uſque ad mortem : Suſtinete hîc, & vigilate mecum.

Usquequo, Domine, oblivifceris me in finem ? uſquequo avertis faciem tuam à me ?

Quamdiu ponam conſilia in anima mea : dolorem in corde meo per diem ?

Uſquequo exaltabitur inimicus meus ſuper me ? reſpice, & exaudi me, Domine, Deus meus.

A Rome.

Quoniam mille anni ante oculos tuos : tanquam dies heſterna quæ præteriit.

Et cuſtodia in nocte : quæ pro nihilo habentur, eorum anni erunt.

Manè ſicut herba tranſeat, manè floreat, & tranſeat : veſperè decidat, in-

Illumina oculos meos, ne unquam obdormiam in morte : nequando dicat inimicus meus ; Prævalui adversùs eum.

Qui tribulant me, exultabunt ſi motus fuero ; ego autem in miſericordia tua ſperavi.

Exultabit cor meum in ſalutari tuo : cantabo Domino qui bona tribuit mihi, & pſallam nomini Domini altiſſimi.

Ant. Vigilate & orate, ut non intretis in tentationem ; ſpiritus quidem promptus eſt, caro autem infirma.

EXaudi, Domine, juſtitiam meam : intende deprecationem meam.

Auribus percipe orationem meā : non in labiis doloſis.

A ROME.

durer, & areſcat.

Quia defecimus in ira tua : & in furore tuo turbati ſumus.

Poſuiſti iniquitates noſtras in conſpectu tuo : ſæculum noſtrum in illuminatione vultûs tui.

Quoniam omnes dies noſtri defecerunt : & in

De vultu tuo judicium meum prodeat; oculi tui videant æquitates.

Probaſti cor meum, & viſitaſti nocte; igne me examinaſti, & non eſt inventa in me iniquitas.

Ut non loquatur os meum opera hominum; propter verba labiorum tuorum ego cuſtodivi vias duras.

Perfice greſſus meos in ſemitis tuis; ut non moveantur veſtigia mea.

Ego clamavi, quoniam exaudiſti me, Deus; inclina aurem tuam mihi, & exaudi verba mea.

Mirifica miſericordias tuas; qui ſalvos facis ſperantes in te.

A reſiſtentibus dexteræ tuæ cuſtodi me; ut pupillam oculi.

A ROME.

ira tua defecimus.

Anni noſtri ſicut aranea meditabuntur: dies annorum noſtrorum in ipſis, ſeptuaginta anni.

Si autem in potentatibus octoginta anni: & amplius eorum labor & dolor.

Quoniam ſupervenit

Sub umbra alarum tuarum protege me ; à facie impiorum qui me afflixerunt.

Inimici mei animam meam circumdederunt, adipem ſuum concluſerunt ; os eorum locutum eſt ſuperbiam.

Projicientes me nunc circumdederunt me ; oculos ſuos ſtatuerunt declinare in terram.

Suſceperunt me ſicut leo paratus ad prædam ; & ſicut catulus leonis habitans in abditis.

Exurge, Domine, præveni eum, & ſupplanta eum ; eripe animam meam ab impio, frameam tuam ab inimicis manûs tuæ.

Domine, à paucis de terra divide eos in vita eorum ; de abſconditis tuis adimpletus eſt venter eorũ.

A ROME.

manſuetudo : & corripiemur.

Quis novit poteſtatem iræ tuæ: & præ timore tuo iram tuam dinumerare ?

Dexteram tuam ſic notam fac : & eruditos corde in ſapientia.

Convertere, Domine,

Saturati ſunt filiis ; & dimiſerunt reliquias ſuas parvulis ſuis.

Ego autem in juſtitia apparebo conſpectui tuo ; ſatiabor cum apparuerit gloria tua.

Ant. Procidit in faciem ſuam, orans & dicens ; Pater mi, ſi poſſibile eſt, tranſeat à me calix iſte, verumtamen non mea voluntas, ſed tua fiat.

CANTIQUE.

DOminus petra mea, & robur meum ; & ſalvator meus.

Deus fortis meus, ſperabo in eum ; ſcutum meum & cornu ſalutis meæ.

Elevator meus, & refugium meũ ; ſalvator meus, de iniquitate liberabis me.

Laudabilem invocabo Dominum; & ab inimicis meis ſalvus ero.

A ROME.

uſquequo : & deprecabilis eſto ſuper ſervos tuos.

Repleti ſumus manè miſericordia tua : & exultavimus, & delectati ſumus omnibus diebus noſtris.

Lætati ſumus pro diebus, quibus nos humiliaſti : annis quibus vidimus

Quia circumdederunt me contritiones mortis ; torrentes Belial terruerunt me.

Funes inferni circumdederunt me; prævenerunt me laquei mortis.

In tribulatione mea invocabo Dominum ; & ad Deum meum clamabo.

Et exaudiet de templo ſuo vocem meam ; & clamor meus veniet ad aures ejus.

Ant. Apparuit illi Angelus de cœlo, confortans eum ; & factus in agonia, prolixiùs orabat ; & factus eſt ſudor ejus ſicut guttæ ſanguinis decurrentis in terram.

LAudate Dominum, de cœlis ; laudate eum in excelſis.

Laudate eum, omnes Angeli

A ROME.

mala.

Reſpice in ſervos tuos, & in opera tua : & dirige filios eorum.

Et ſit ſplendor Dñi Dei noſtri ſuper nos ; & opera manuum noſtrarũ dirige ſuper nos, & opus manuũ noſtrarum dirige.

Ant. Dominus tanquã ovis ad occiſionem ductus eſt : & non aperuit os ſuũ.

ejus; laudate eum, omnes virtutes ejus.

Laudate eum, ſol & luna; laudate eum, omnes ſtellæ & lumen.

Laudate eum, cœli cœlorum; & aquæ omnes quæ ſuper cœlos ſunt laudent nomen Domini.

Quia ipſe dixit, & facta ſunt; ipſe mandavit, & creata ſunt.

Statuit ea in æternum, & in ſæculum ſæculi; præceptum poſuit, & non præteribit.

Laudate Dominum, de terra; dracones, & omnes abyſſi.

Ignis, grando, nix, glacies, ſpiritus procellarum; quæ faciunt verbum ejus.

Montes, & omnes colles; ligna fructifera, & omnes cedri.

Beſtiæ, & univerſa pecora; ſer-

A ROME.

Pſ. Deus Deus, *cy-apr. à Laud. de demain.*

DEus miſereatur noſtri, & benedicat nobis: illuminet vultum ſuum ſuper nos, & miſereatur noſtri.

Ut cognoſcamus in terra viam tuam: in omnibus gentibus ſalutare tuum.

pentes, & volucres pennatæ.

Reges terræ, & omnes populi; principes, & omnes judices terræ.

Juvenes & virgines, ſenes cum junioribus, laudent nomen Domini; quia exaltatum eſt nomen ejus ſolius.

Confeſſio ejus ſuper cœlum & terram; & exaltavit cornu populi ſui.

Hymnus omnibus Sanctis ejus; filiis Iſraël, populo appropinquanti ſibi.

Ant. Appropinquavit Judas, ut oſcularetur eum; dixitque illi Jeſus; Amice, ad quid veniſti? Juda, oſculo Filium hominis tradis?

CANTIQUE.

BEnedictus Dominus Deus Iſraël; quia viſitavit, & fecit

A ROME.

Confiteantur tibi populi, Deus: confiteantur tibi populi omnes.

Lætentur & exultent gentes, quoniam judicas populos in æquitate: & gentes in terra dirigis.

Confiteantur tibi populi, Deus, confiteantur tibi populi omnes: terra

redemptionem plebis ſuæ.

Et erexit cornu ſalutis nobis; in domo David pueri ſui.

Sicut locutus eſt per os ſanctorum; qui à ſæculo ſunt, Prophetarum ejus.

Salutem ex inimicis noſtris; & de manu omnium qui oderunt nos.

Ad faciendam miſericordiam cum patribus noſtris; & memorari teſtamenti ſui ſancti.

Jusjurandum quod juravit ad Abraham patrem noſtrum; daturum ſe nobis,

Ut ſine timore, de manu inimicorum noſtrorum liberati; ſerviamus illi.

In ſanctitate & juſtitia coram ipſo; omnibus diebus noſtris.

Et tu, puer, Propheta Altiſſimi

A ROME.

dedit fructum ſuum.

Benedicat nos Deus, Deus noſter, benedicat nos Deus: & metuant eum omnes fines terræ.

Ant. Contritum eſt cor meum in medio mei: contremuerunt omnia oſſa mea.

vocaberis; præibis enim ante faciem Domini parare vias ejus.

Ad dandam ſcientiam ſalutis plebi ejus; in remiſſionem peccatorum eorum.

Per viſcera miſericordiæ Dei noſtri; in quibus viſitavit nos Oriens ex alto.

Illuminare his qui in tenebris & in umbra mortis ſedent; ad dirigendos pedes noſtros in viam pacis.

Ant. Dixit Jeſus ad eos qui venerant ad ſe; Quaſi ad latronem exiſtis cum gladiis & fuſtibus. Cùm quotidie vobiſcum fuerim in templo, non extendiſtis manus in me, ſed hæc eſt hora veſtra & poteſtas tenebrarum.

Après l'Ant. de Benedictus, *deux*

A ROME.

Cantique.

CAntemus Domino, glorioſè enim magnificatus eſt: equum & aſcenſorē dejecit in mare.

Fortitudo mea, & laus mea Dominus: & factus eſt mihi in ſalutem.

Iſte Deus meus, & glorificabo eum: Deus Pa-

Clercs derriere l'Autel chantent alternativement avec le Chœur les verſets ſuivans : le monde étant à genoux : ce qui s'obſerve auſſi les deux jours ſuivans.

PRIERES.

Les Clercs. KYrie eleiſon.
Le Chœur. Kyrie eleiſon.

Les cl. Domine, miſerere; parce famulis ; Chriſtus Dominus factus eſt obediens uſque ad mortem.

Le ch. Kyrie eleiſon.

Les cl. Qui dediſti redemptionem teipſum pro omnibus.

Le ch. Chriſte, eleiſon.

Les cl. Qui à Juda oſculo traditus, ſicut ovis ad occiſionem ductus es. *Le ch.* Chriſte, eleiſon.

Les cl. Qui exaltatus à terra, omnia traxiſti ad teipſum.

Le ch. Chriſte, eleiſon.

A ROME.

tris mei, & exaltabo eū.

Dominus quaſi vir pugnator ; omnipotens nomen ejus : currus Pharaonis, & exercitum ejus projecit in mare.

Electi principes ejus ſubmerſi ſunt in mari rubro : abyſſi operuerunt eos, deſcenderunt in pro-

Les cl. Qui per Prophetam dixiſti; Ero mors tua, ô mors.

Le ch. Kyrie, eleiſon.

Les cl. Auctor vitæ per mortem deſtruxit eum qui habebat mortis imperium. *Le ch.* Kyrie, eleiſon.

Les cl. A forti prædam abſtulit, expolians poteſtates, & palã triumphavit. *Le ch.* Kyrie, eleiſon. Domine, miſerere; parce famulis; Chriſtus Dominus factus eſt obediens uſque ad mortem.

Les cl. Mortem autem crucis.

Enſuite le Célébrant commence le Pſ. 50.

MIſerere mei, Deus; ſecundùm magnã miſericordiãtuã.

A ROME.

fundum quaſi lapis.

Dextera tua, Domine, magnificata eſt in fortitudine; dextera tua, Domine, percuſſit inimicũ: & in multitudine gloriæ tuæ depoſuiſti adverſarios tuos.

Miſiſti iram tuam, quæ devoravit eos ſicut ſtipulam: & in ſpiritu furoris tui congregatæ ſunt aquæ,

Stetit unda fluens: congregatæ ſunt abyſſi in medio mari.

Dixit inimicus, Perſequar & comprehendam, dividam ſpolia, implebitur anima mea.

Evaginabo gladium meum: interficiet eos manus mea.

Flavit ſpiritus ejus, & operuit eos mare: ſub-

Et ſecundùm multitudinem miſerationum tuarum ; dele iniquitatem meam.

Ampliùs lava me ab iniquitate mea ; & à peccato meo munda me.

Quoniam iniquitatem meam ego cognoſco ; & peccatum meum contra me eſt ſemper.

Tibi ſoli peccavi, & malum coram te feci ; ut juſtificeris in ſermonibus tuis, & vincas cùm judicaris.

Ecce enim in iniquitatibus conceptus ſum ; & in peccatis concepit me mater mea.

Ecce enim veritatem dilexiſti ;

merſi ſunt quaſi plumbũ in aquis vehementibus.

Quis ſimilis tui, in fortibus, Domine: quis ſimilis tui : magnificus in ſanctitate, terribilis atque laudabilis, faciens mirabilia ?

Extendiſti manum tuã, & devoravit eos terra : dux fuiſti in miſericordia tua populo, quem redemiſti.

Et portaſti eum in fortitudine tua : ad habitaculum ſanctum tuum.

Aſcenderunt populi, & irati ſunt : dolores obtinuerunt habitatores Philiſtiim.

Tunc conturbati ſunt principes Edom, robuſtos Moab obtinuit tremor : obriguerunt omnes

incerta & occulta ſapientiæ tuæ manifeſtaſti mihi.

Aſperges me hyſſopo, & mundabor; lavabis me, & ſuper nivem dealbabor.

Auditui meo dabis gaudium & lætitiam; & exultabunt oſſa humiliata.

Averte faciem tuam à peccatis meis; & omnes iniquitates meas dele.

Cor mundum crea in me, Deus; & ſpiritum rectum innova in viſceribus meis.

Ne projicias me à facie tua; & Spiritũ ſanctũ tuum ne auferas à me.

A ROME.

habitatores Chanaan.

Irruat ſuper eos formido & pavor: in magnitudine brachii tui.

Fiant immobiles quaſi lapis, donec pertranſeat populus tuus, iſte quem poſſediſti.

Introduces eos, & plantabis in monte hæreditatis tuæ: firmiſſimo habitaculo tuo quod operatus es, Domine,

Sanctuarium tuũ, Domine, quod firmaverunt manus tuæ: Dominus regnabit in æternum, & ultrà.

Ingreſſus eſt enim eques Pharao cum curribus & equitibus ejus in mare: & reduxit ſuper eos Dñs aquas maris.

Filii autem Iſraël am-

Redde mihi lætitiam ſalutaris tui; & Spiritu principali confirma me.

Docebo iniquos vias tuas; & impii ad te convertentur.

Libera me de ſanguinibus, Deus, Deus ſalutis meæ; & exaltabit lingua mea juſtitiam tuam.

Domine, labia mea aperies; & os meum annuntiabit laudem tuam.

Quoniam ſi voluiſſes ſacrificium, dediſſem utique: holocauſtis non delectaberis.

Sacrificium Deo ſpiritus contribulatus: cor contritum & humiliatum, Deus, non deſpicies.

Benignè fac, Domine, in bona

A ROME.

bulaverunt per ſiccum: in medio ejus.

Ant. Exhortatus es in virtute tua, & in refectione ſancta tua, Dñe.

Pſ. Laudate, *ci-dev. p.* 77. *& les Pſ.* Cantate Domino, 4. *Pſ. des Laudes de Jeudy.* Laudate Dominum in Sanctis, 4. *Pſ. des Laudes de Vendredy.*

Ant. Oblatus eſt, quia ipſe voluit, & peccata noſtra ipſe portavit.

℣. Homo pacis meæ in quo ſperavi. ℟. Qui edebat panes meos, ampliavit adversùm me ſuplantationem,

A Benedictus 79. *Ant.* Traditor autem dederat eis ſignum, dicens: Quē oſculatus fuero, Ipſe eſt,

voluntate tua Sion : ut ædificentur muri Jerusalem.

Tunc acceptabis sacrificium justitiæ, oblationes & holocausta : tunc imponent super altare tuum vitulos.

Oraison.

RESpice, quæsumus, Domine, super hanc familiam tuam pro qua Dominus noster Jesus Christus non dubitavit manibus tradi nocentium, & crucis subire tormentum, *tout bas.* Qui tecum vivit & regnat in unitate Spiritus sancti Deus; Per.

Le Célébrant donne le signal pour faire connoître que l'Oraison est achevée, & que chacun doit dire tout bas, Amen *; puis on se retire en silence.*

A ROME.

tenete eum.

On répete cette Ant. & on dit :

℣. Christus factus est pro nobis obediens usque ad mortem.

Le Jeudy on ajoûte : Mortem autem crucis. *Le Vendredi on y ajoûte encore :* Propter quod & Deus exaltavit illum, & donavit illi nomen quod est super omne nomen.

Ensuite on dit à genoux Pater noster, *tout-bas ; après quoy le Célébrant élevant médiocrement la voix, commence le* Miserere, *cy-dev. 83. & l'Oraison* Respice, *cy-dessus.*

Les Complies sont aujourd'hui & les jours suivans ceux du Dimanche.

Fin de l'Office du Mercredi à Ténébres.

LE JEUDY SAINT, A TENEBRES.

Qui se disent pour le Vendredy.

I. NOCTURNE.

Omine, quid multiplicati sunt qui tribulant me? multi insurgunt adversùm me.

Multi dicunt animæ meæ : Non est salus ipsi in Deo ejus.

Tu autem, Domine, susceptor

A ROME. I. NOCT.

Ps. Quare fremuerunt, *cy-devant p.* 28.

Ant. Astiterunt Reges terræ & Principes convenerunt in unum, adversus Dominum & adversus Christum ejus,

Ps. Deus, Deus, &c. *cy-après, p.* 90.

Ant. Diviserunt sibi vestimenta mea : & super vestem meam miserunt sortem.

Ps. Dominus illuminatio, *cy-après p.* 94. & *l'ant.* Insurrex. *p.* 97.

℣. Diviserunt sibi vestimenta mea. ℟. Et super vestem meam miserunt sortem.

meus es : gloria mea, & exaltans caput meum.

Voce meâ ad Dominum clamavi : & exaudivit me de monte ſancto ſuo.

Ego dormivi, & ſoporatus ſum : & exurrexi, quia Dñs ſuſcepit me.

Non timebo millia populi circumdantis me : exurge, Domine ; ſalvum me fac, Deus meus.

Quoniam tu percuſſiſti omnes adverſantes mihi ſine cauſa : dentes peccatorum contriviſti.

Domini eſt ſalus : & ſuper populum tuum benedictio tua.

Ant. Non timebo millia populi circumdantis me : exurge, Domine ; ſalvum me fac, Deus meus.

A ROME.

De lamentatione Jeremiæ Prophetæ.

LEÇON I. *Cap.* 2.

HETH. COgitavit Dominus diſſipare murum filiæ Sion : tetendit funiculum ſuũ, & non avertit manum ſuã à perditione: luxitque antemurale, & murus pariter diſſipatus eſt.

TETH. Defixæ ſunt in terra portæ ejus, perdidit & contrivit vectes ejus, Regem ejus, & Principes ejus in gentibus. Non

DEus, Deus meus, respice in me ; quare me dereliquisti ? longè à salute mea verba delictorum meorum.

Deus meus, clamabo per diem, & non exaudies : & nocte, & non ad insipientiam mihi.

Tu autem in sancto habitas : laus Israël.

In te speraverunt patres nostri : speraverunt, & liberasti eos.

Ad te clamaverunt, & salvi facti sunt : in te speraverunt, & non sunt confusi.

Ego autem sum vermis, & non homo : opprobrium hominum, & abjectio plebis.

Omnes videntes me, deriserunt me : locuti sunt labiis, & moverunt caput.

A ROME.

est lex : & Prophetæ ejus non invenerunt visionem à Domino.

JOD. Sederunt in terra, conticuerunt senes filiæ Sion : consperserunt cinere capita sua, accincti sunt ciliciis, abjecerunt in terram capita sui virgines Jerusalem.

Speravit in Domino, eripiat eum : ſalvum faciat eum, quoniam vult eum.

Quoniam tu es qui extraxiſti me de ventre : ſpes mea ab uberibus matris meæ.

In te projectus ſum ex utero : de ventre matris meæ Deus meus es tu.

Deus meus ne diſceſſeris à me : quoniam tribulatio proxima eſt, quoniam non eſt qui adjuvet.

Circumdederunt me vituli multi : tauri pingues obſederunt me.

Aperuerunt ſuper me os ſuum : ſicut leo rapiens & rugiens.

Sicut aqua effuſus ſum : & diſperſa ſunt omnia oſſa mea.

Factum eſt cor meũ tamquã cera liqueſcens : in medio ventris mei.

A ROME.

CAPH. Defecerunt præ lacrymis oculi mei ; conturbata ſunt viſcera mea. Effuſum eſt in terra jecur meum ſuper contritione filiæ populi mei, cùm deficeret parvulus, & lactens in plateis oppidi.

Jeruſalem, Jeruſalem, convertere ad Dominum

Aruit tamquam teſta virtus mea, & lingua mea adhæſit faucibus meis: & in pulverem mortis deduxiſti me.

Quoniam circumdederunt me canes multi: concilium malignantium obſedit me.

Foderunt manus meas & pedes meos: dinumeraverunt omnia oſſa mea.

Ipſi verò conſideraverunt & inſpexerunt me: diviſerunt ſibi veſtimenta mea, & ſuper veſtem meam miſerunt ſortem.

Tu autem, Domine, ne elongaveris auxilium tuum à me: ad defenſionem meam conſpice.

Erue à framea, Deus, animam meam: & de manu canis unicam meam.

Salva me ex ore leonis: & à cor-

A ROME.

Deum tuum.

℟. Omnes amici mei dereliquerunt me, & prævaluerunt inſidiantes mihi; tradidit me quem diligebam. * Et terribilibus oculis plaga crudeli percutientes, aceto potabant me. ℣. Inter iniquos projecerunt me: & non

nibus unicornium humilitatem meã.

Narrabo nomen tuum fratribus meis : in medio ecclesiæ laudabo te.

Qui timetis Dominum, laudate eum : universum semen Jacob, glorificate eum.

Timeat eum omne semen Israël : quoniam non sprevit neque despexit deprecationem pauperis.

Nec avertit faciem suam à me : & cùm clamarem ad eum, exaudivit me.

Apud te laus mea in ecclesia magna : vota mea reddam in conspectu timentium eum.

Edent pauperes, & saturabuntur ; & laudabunt Dominum qui requirunt eum : vivent corda eorum in sæculum sæculi.

Reminiscentur & convertentur

A ROME.

pepercerunt animæ meæ. * Et terribilibus.

LEÇON II.

LAMED. MAtribus suis dixerunt ; Ubi est triticum & vinum ? cùm deficerent quasi vulnerati in plateis civitatis, cum exhalarent animas suas in sinu matrũ

ad Dominum : universi fines terræ.

Et adorabunt in conspectu ejus : universæ familiæ gentium.

Quoniam Domini est regnum : & ipse dominabitur gentium.

Manducaverunt & adoraverunt omnes pingues terræ : in conspectu ejus cadent omnes qui descendunt in terram.

Et anima mea illi vivet : & semen meum serviet ipsi.

Annuntiabitur Domino generatio ventura : & annuntiabunt cœli justitiam ejus populo qui nascetur, quem fecit Dominus.

Ant. Aperuerunt super me os suum, sicut leo rapiens & rugiens : concilium malignantiū obsedit me.

DOminus illuminatio mea, & salus mea : quem timebo ?

A ROME.

suarum.

MEM. Cui comparabo te, vel cui assimilabo te, filia Jerusalem ? cui exæquabo te, & consolabor te, virgo, filia Sion ? Magna est enim velut mare contritio tua ; quis medebitur tibi ?

NUN. Prophetæ tui

Dominus protector vitæ meæ : à quo trepidabo ?

Dum appropiant ſuper me nocentes : ut edant carnes meas.

Qui tribulant me inimici mei : ipſi infirmati ſunt & ceciderunt.

Si conſiſtant adversùm me caſtra : non timebit cor meum.

Si exurgat adversùm me prælium : in hoc ego ſperabo.

Unam petii à Domino, hanc requiram : ut inhabitem in domo Domini omnibus diebus vitæ meæ.

Ut videam voluptatem Domini : & viſitem templum ejus.

Quoniam abſcondit me in tabernaculo ſuo : in die malorum protexit me in abſcondito tabernaculi ſui.

In petra exaltavit me : & nunc

A Rome.

viderunt tibi falſa & ſtulta ; nec aperiebant iniquitatem tuam, ut te ad pœnitentiam provocarent. Viderunt autem tibi aſſumptiones falſas, & ejectiones.

Samech. Plauſerunt ſuper te manibus omnes tranſeuntes per viam ; ſi-

exaltavit caput meum ſuper inimicos meos.

Circuivi & immolavi in tabernaculo ejus hoſtiam vociferationis : cantabo, & pſalmum dicam Domino.

Exaudi, Domine, vocem meam quâ clamavi ad te : miſerere mei, & exaudi me.

Tibi dixit cor meum, Exquiſivit te facies mea : faciem tuam, Domine, requiram.

Ne avertas faciem tuam à me : ne declines in ira à ſervo tuo.

Adjutor meus eſto, ne derelinquas me : neque deſpicias me, Deus ſalutaris meus.

Quoniam pater meus & mater mea dereliquerunt me : Dominus autem aſſumpſit me.

A Rome.

bilaverunt & moverunt caput ſuum ſuper filiam Jeruſalem ; Hæccine eſt urbs, dicentes perfecti decoris, gaudium univerſæ terræ ?

Jeruſalem, Jeruſalem, convertere ad Domi 1 Deum tuum.

℟. Velum Templi ſciſ-

Legem pone mihi, Domine, in via tua : & dirige me in ſemitam rectam propter inimicos meos.

Ne tradideris me in animas tribulantium me : quoniam inſurrexerunt in me teſtes iniqui, & mentita eſt iniquitas ſibi.

Credo videre bona Domini : in terra viventium.

Expecta Dominum, viriliter age : & confortetur cor tuum, & ſuſtine Dominum.

Ant. Inſurrexerunt in me teſtes iniqui, & mentita eſt iniquitas ſibi.

℣. Acuerunt linguas ſuas ſicut ſerpentis : ℟. Venenum aſpidum ſub labiis eorum.

A Rome.

ſum eſt. * Et omnis terra tremuit : latro de cruce clamabat, dicens : Memento mei, Domine, dum veneris in regnum tuum. ℣. Petræ ſciſſæ ſunt, & monumenta aperta ſunt ; & multa corpora Sanctorū, qui dormierant, ſurrexerunt. * Et omnes terra.

Leçon III. Ego vir, *ci-après p.* 98. *en diſant au chiffre* 1. Aleph. 2. Beth. 3. Ghimel.

℟. Vinea mea electa, ego te plantavi. * Quomodo converſa es in amaritudinem, ut me crucifigeres, & Barabam

I. Leçon.

De Lamentatione Jeremiæ Prophetæ.

1. EGo vir videns paupertatem meam in virga indignationis ejus. 1. Me minavit, & adduxit in tenebras, & non in lucem. 1. Tantum in me vertit, & convertit manum ſuam totâ die. 2. Vetuſtam fecit pellem meam, & carnem meam; contrivit oſſa mea. 2. Ædificavit in gyro meo, & circumdedit me felle & labore. 2. In tenebroſis collocavit me, quaſi mortuos ſempiternos. 3. Circumædificavit adversùm me, ut non egrediar; aggravavit compedem meum. 3. Sed & cùm clamavero, & rogavero, excluſit orationem meam. 3. Concluſit vias meas lapidibus quadris; ſemitas meas ſubver-

A Rome.

dimitteres? ℣. Sæpivi te, & lapides elegi ex te, & ædificavi turrim. * Quomodo converſa.

Fin du I. Nocturne, à Rome.

tit. Ursus insidians factus est mihi; leo in absconditis. Jerusalem, Jer.

℟. Quærebant adversùs Jesum testimonium, ut eum morti traderent, nec inveniebant :* Multi enim testimonium falsum dicebant ; & convenientia testimonia non erant. ℣. Surgentes testes iniqui, quæ ignorabã interrogabant me : * Multi enim testimonium.

Leçon II.

TEtendit arcum suum, & posuit me quasi signum ad sagittam. Misit in renibus meis filias pharetræ suæ. Factus sum in derisum omni populo meo, canticum eorum totâ die. Replevit me amaritudinibus, inebriavit me absynthio. Et fregit ad numerum dentes meos, cibavit me cinere. Et repulsa est à pace anima mea, oblitus sum bonorum. Et dixi : Periit finis meus, & spes mea à Domino. Recordare paupertatis, & transgresſionis meæ, abſynthii & fellis. Memoriâ memor ero, & tabeſcet in me anima mea. Hæc recolens in corde meo, ideo ſperabo. Jeruſalem.

℟. Princeps ſacerdotum ait : Adjuro te per Deum vivum, ut dicas nobis ſi tu es Chriſtus Filius Dei. Dicit illi Jeſus : Tu dixiſti. At illi dixerunt : *Reus eſt mortis. ℣. Locuti ſunt ſacerdotes : Judicium mortis eſt viro huic, quia prophetavit ſicut audiſtis auribus veſtris : *Reus eſt mortis.

LEÇON III.

VEnatione cœperunt me quaſi avem inimici mei gratis. Lapſa eſt in lacum vita mea, & poſuerunt lapidem ſuper me. Inundaverunt aquæ ſuper caput meum : dixi, Perii. Invocavi nomen tuum, Domine, de lacu noviſſimo. Vocem meam audiſti : ne avertas aurem tuam à ſingultu meo, & clamoribus. Appropinquaſti in die quando invocavi te : dixiſti, Ne timeas. Judicaſti, Domine, cauſam animæ meæ, redemptor vitæ meæ. Vidiſti, Domine, iniquitatem illorum adversùm me : judica judicium meum. Vidiſti omnem furorem, univerſas cogitationes eorum adversùm me. Audiſti opprobrium eorum, Domine, omnes cogitationes eorum adversùm me : labia inſurgentium mihi, & meditationes eorum adversùm me totâ die. Seſſionem eorum & reſurrectionem eorum vide; ego ſum pſalmus eorum. Reddes eis vicem, Domine, juxta opera manuum ſuarum. Jeruſalem.

℞. Expuerunt in faciem Jeſu, *Et colaphis ceciderunt, dicentes : Prophetiza nobis, Chriſte, quis eſt qui te percuſſit ? ℣. Aperuerunt ſuper me ora ſua, & exprobrantes percuſſerunt maxillam meam, * Et colaphis ceciderunt, dicentes: Prophetiza.

II. NOCTURNE.

DOmine, ne in furore tuo arguas me: neque in ira tua corripias me.

Quoniam ſagittæ tuæ infixæ ſunt mihi: & confirmaſti ſuper me manum tuam.

Non eſt ſanitas in carne mea à facie iræ tuæ: non eſt pax oſſibus meis à facie peccatorum meorum.

Quoniam iniquitates meæ ſupergreſſæ ſunt caput meum: & ſicut onus grave gravatæ ſunt ſuper me.

Putruerunt & corruptæ ſunt cicatrices meæ: à facie inſipientiæ meæ.

Miſer factus ſum & curvatus ſum

A Rome. II. Noct.

Pſ. Domine, *cy-deſſus*, *&* *Ant.* Vim, *p.* 105.

Pſ. Expectans, *p.* 42.

Ant. Confundantur & revereantur, qui quærunt animam meam, ut auferant eam.

DEus, in nomine tuo ſalvum me fac: & in virtute tua judica me.

usque in finem : totâ die contristatus ingrediebar.

Quoniam lumbi mei impleti sunt illusionibus : & non est sanitas in carne mea.

Afflictus sum & humiliatus sum nimis : rugiebam à gemitu cordis mei.

Domine, ante te omne desiderium meum : & gemitus meus à te non est absconditus.

Cor meum conturbatum est, dereliquit me virtus mea : & lumen oculorum meorum, & ipsum non est mecum

Amici mei, & proximi mei : adversùm me appropinquaverunt & steterunt.

Et qui juxta me erant, de longè steterunt : & vim faciebant qui

A Rome.

Deus, exaudi orationem meam : auribus percipe verba oris mei.

Quoniam alieni insurrexerunt adversũ me, & fortes quæsierunt animam meam : & non proposuerunt Deũ ante conspectum suum.

Ecce enim Deus ad-

quærebant animam meam.

Et qui inquirebant mala mihi, locutì ſunt vanitates : & dolos totâ die meditabantur.

Ego autem tamquam ſurdus non audiebam : & ſicut mutus non aperiens os ſuum.

Et factus ſum ſicut homo non audiens : & non habens in ore ſuo redargutiones.

Quoniam in te, Domine, ſperavi : tu exaudies me, Domine Deus meus.

Quia dixi : Nequando ſupergaudeant mihi inimici mei : &, dum commoventur pedes mei, ſuper me magna locuti ſunt.

Quoniam ego in flagella paratus ſum : & dolor meus in conſpectu meo ſemper.

A ROME.

juvat me : & Dominus ſuſceptor eſt animæ meæ.

Averte mala inimicis meis : & in veritate tua diſperde illos.

Voluntariè ſacrificabo tibi, & confitebor nomini tuo, Domine : quoniã bonum eſt.

Quoniam ex omni tri-

Quoniam iniquitatem meam annuntiabo : & cogitabo pro peccato meo.

Inimici autem mei vivunt, & confirmati ſunt ſuper me : & multiplicati ſunt qui oderunt me iniquè.

Qui retribuunt mala pro bonis, detrahebant mihi : quoniam ſequebar bonitatem.

Ne derelinquas me, Domine Deus meus : ne diſceſſeris à me.

Intende in adjutorium meum : Domine Deus ſalutis meæ.

Ant. Vim faciebant qui quærebant animam meam.

ERipe me de inimicis meis, Deus meus : & ab inſurgentibus in me libera me.

Eripe me de operantibus ini-

A Rome.

bulatione eripuiſti me : & ſuper inimicos meos deſpexit oculus meus.

Ant. Alieni inſurrexerunt in me, & fortes quæſierunt animam meã.

℣. Inſurrexerunt in me teſtes iniqui. ℟. Et mentita eſt iniquitas ſibi.

quitatem : & de viris ſanguinum ſalva me.

Quia ecce ceperunt animam meam : irruerunt in me fortes.

Neque iniquitas mea, neque peccatum meum, Domine : ſine iniquitate cucurri, & direxi.

Exurge in occurſum meum, & vide : & tu, Domine Deus virtutum, Deus Iſraël.

Intende ad viſitandas omnes gentes : non miſerearis omnibus qui operantur iniquitatem.

Convertentur ad veſperam : & famem patientur ut canes, & circuibunt civitatem.

Ecce loquentur in ore ſuo, & gladius in labiis eorum : quoniam quis audivit ?

Et tu, Domine, deridebis eos :

A ROME.

LEÇON IV.

Ex Tractatu S. Auguſtini Epiſcopi ſuper Pſalmos.

PRotexiſti me, Deus, à conventu malignantium, à multitudine operantium iniquitatem. Jam ipſum caput noſtrum intueamur. Multi Martyres talia paſſi ſunt ; ſed nihil

ad nihilum deduces omnes gentes.

Fortitudinem meam ad te cuſtodiam, quia Deus ſuſceptor meus es: Deus meus, miſericordia ejus præveniet me.

Deus oſtendet mihi ſuper inimicos meos: ne occidas eos, nequando obliviſcantur populi mei.

Diſperge illos in virtute tua: & depone eos, protector meus, Domine.

Delictum oris eorum, ſermonem labiorum ipſorum; & comprehendantur in ſuperbia ſua.

Et de execratione & mendacio annuntiabuntur in conſummatione: in ira conſummationis, & non erunt.

Et ſcient quia Deus dominabitur Jacob: & finium terræ.

Convertentur ad veſperam: &

ſic elucet, quomodo caput Martyrum: ibi melius intuemur, quod illi experti ſunt, Protectus eſt a multitudine malignantium, protegente ſe Deo, protegente carnem ſuam ipſo Filio, & homine quem gerebat, quia Filius hominis eſt, & Filius

famem patientur ut canes, & circuibunt civitatem.

Ipſi diſpergentur ad manducandum : ſi verò non fuerint ſaturati, & murmurabunt.

Ego autem cantabo fortitudinem tuam : & exultabo manè miſericordiam tuam.

Quia factus es ſuſceptor meus & refugium meum : in die tribulationis meæ.

Adjutor meus, tibi pſallam, quia Deus ſuſceptor meus es : Deus meus, miſericordia mea.

Ant. Irruerunt in me fortes : neque iniquitas mea, neque peccatum meum, Domine.

NOnne Deo ſubjecta erit anima mea ? ab ipſo enim ſalutare meum.

A ROME.

Dei eſt : Filius Dei, propter formam Dei ; Filius hominis, propter formâ ſervi, habens in poteſtate ponere animam ſuam, & recipere eam. Quid ei potuerunt facere inimici ? Occiderunt corpus, animam non occiderunt. Intendite ; parum ergo erat

Nam

Nam & ipſe Deus meus, & ſalutaris meus : ſuſceptor meus, non movebor ampliùs.

Quouſque irruitis in hominem ? interficitis univerſi vos tamquam parieti inclinato, & maceriæ depulſæ ?

Verumtamen pretium meum cogitaverunt repellere ; cucurri in ſiti : ore ſuo benedicebant, & corde ſuo maledicebant.

Verumtamen Deo ſubjecta eſto, anima mea : quoniam ab ipſo patientia mea.

Quia ipſe Deus meus, & Salvator meus : adjutor meus, non emigrabo.

In Deo ſalutare meum, & gloria mea : Deus auxilii mei, & ſpes

A Rome.

Dominum hortari Martyres verbo, niſi firmaret exemplo.

℟. Tanquam ad latronem exiſtis cum gladiis & fuſtibus comprehendere me. * Quotidie apud vos eram in templo docens, & uon me tenuiſtis : & ecce flagellatum ducitis ad crucifigendum. ℣. Cumque injeciſſent

mea in Deo eſt.

Sperate in eo, omnis congregatio populi; effundite coram illo corda veſtra: Deus adjutor noſter in æternum.

Verumtamen vani filii hominũ, mendaces filii hominum in ſtateris: ut decipiant ipſi de vanitate in idipſum.

Nolite ſperare in iniquitate, & rapinas nolite concupiſcere: divitiæ ſi affluant, nolite cor apponere.

Semel locutus eſt Deus, duo hæc audivi; quia poteſtas Dei eſt, & tibi, Domine, miſericordia: quia tu reddes unicuique juxta opera ſua.

Ant. Deo ſubjecta eſto, anima

A ROME.

manus in Jeſum, & tenuiſſent eum, dixit ad eos: * Quotidie.

LEÇON V.

NOſtis qui conventus erat malignantium Judæorum, & quæ multitudo erat operantium iniquitatem. Quam iniquitatem? Quia voluerunt occidere Dominum Jeſum Chriſtum. Tanta ope-

mea ; quoniam ab ipſo patientia mea.

℣. Subſannaverunt me ſubſannatione : ℟. Frenduerunt ſuper me dentibus ſuis.

LEÇON IV.

Sermo ſancti Joannis Chryſoſtomi.

HOdie Paſcha noſtrum pro nobis immolatus eſt Chriſtus. Ubi, quæſo, immolatus? in excelſo patibulo. Novum altare hujus ſacrificii, quia ipſum ſacrificium novum ſtupendumque eſt. Idem quippe & ſacrificium & ſacerdos erat : ſacrificium ſecundùm carnem, ſacerdos ſecundùm ſpiritum. Idem & offerebat, & ſecundùm carnem offerebatur. Et crux fuit altare. Et cur, inquies, non in

A ROME.

ra bona, inquit, oſtendi vobis : propter quod horum me vultis occidere? Pertulit omnes infirmos eorum, curavit omnes languidos eorum, prædicavit regnum cœlorum, non tacuit vitia eorum, ut ipſa potiùs eis diſplicerent, non medicus, à quo ſanabantur. His omnibus curationibus ejus

templo hoſtia offertur, ſed extra urbem & mœnia? ut impleretur illud, Cum iniquis reputatus eſt. Cur autem in ſublimi patibulo jugulatur, non ſub tecto? ut aeris naturam purgaret, cùm ovis in ſublimi immolaretur. Purgabatur item & terra; fluebat enim è latere ſanguis in ipſam. Ideo non ſub tecto, ideo non in templo Judaico, ne ſibi Judæi hoſtiam vindicarent; neve putares pro illa gente tantùm hanc offerri. Idcirco extra urbem & mœnia, ut diſcas univerſale ſacrificium eſſe, quia pro univerſa terra erat oblatio; & purgationem item eſſe communem, non peculiarem, quemadmodùm apud Judæos.

℟. Dicebant Petro: Verè ex illis

A ROME.

ingrati, tanquam multa febre phrenetici, inſanientes in medicum qui venerat curare eos, excogitaverunt conſilium perdendi eum: tanquam ibi volentes probare, utrum verè homo ſit, qui mori poſſit; an aliquid ſuper homines ſit, & mori, ſe non permittat. Verbum ipſorum agnoſci-

es. * Ille cœpit anathematizare, & jurare: Quia neſcio hominem iſtum quem dicitis. ℣. Inquilini domûs meæ ſicut alienum habuerunt me, & quaſi peregrinus fui in oculis eorum. * Ille.

LEÇON V.

VIs diſcere aliud ejus inſigne opus? Paradiſum clauſum hodie nobis aperuit. Hâc quippe die, hâc ipsâ horâ latronem eò introduxit Deus. Hodie antiquam patriam nobis reddidit: hodie in patriam civitatem nos reduxit: nam, Hodie, inquit, mecum eris in paradiſo. Quid dicis? crucifixus es & clavis affixus, & paradiſum polliceris? Etiam, inquit; ut in cruce virtutem meam ediſcas. Quia enim

A ROME.

mus in ſapientia Salomonis. Morte turpiſſimâ, inquiunt, condemnemus eum, interrogemus eũ; erit enim reſpectus in ſermonibus illius. Si enim verè Filius Dei eſt, liberet eum.

℟. Tenebræ factæ ſunt, dum crucifixiſſent Jeſum Judæi; & circa horam nonam exclamavit Jeſus

res erat triſtis, ne naturæ crucis attenderes, ſed Crucifixi virtutem ediſceres, in cruce hoc perpetrat miraculum, quod ejus maximè virtutem demonſtrat. Non enim cùm mortuum ſuſcitaret, non cùm ventos ac mare increparet, non cùm dæmones fugaret; ſed crucifixus; clavis perforatus, contumeliis, ſputis, conviciis, opprobriis oneratus, improbum latronis animum mutare potuit, ut ex omni parte virtutem ejus videas. Creaturam quippe totam commovit; petras ſcidit, ſed petrâ duriorem latronis animam attraxit.

A ROME.

voce magnâ: Deus meus, ut quid me dereliquiſti? * Et inclinato capite emiſit ſpiritum. ℣. Exclamans Jeſus voce magna, ait: Pater, in manus tuas commendo ſpiritum meũ. * Et inclinato.

LEÇON VI.

EXacuerunt tanquam gladium linguas ſuas. Non dicant Judæi; Non occidimus Chriſtum. Etenim propterea eum dederunt Judici Pilato, ut quaſi ipſi à morte ejus viderentur immunes. Nam cùm dixiſſet eis Pilatus; Vos eum occidite; reſponderunt: Nobis non licet occidere quemquam. Iniquitatem facinoris ſui in judicem hominem refundere volebant. Sed

℟. Quem vultis dimittam vobis, Barabbam, an Jeſum? Dixerunt : Barabbam. Quid igitur faciam de Jeſu? Dicunt omnes : * Crucifigatur. ℣. Dixerunt : Rogamus ut occidatur homo iſte ; ſiquidem non quærit pacem populo, ſed malum : * Crucifigatur.

Leçon VI.

SEd quid tantum fecit latro, inquies, ut poſt crucem paradiſum ſit adeptus? Viſne ut virtutem ejus breviter demonſtrem? Cùm Petrus negabat infra, tunc ille ſupra confitebatur. Diſcipulus viliſſime puellæ minas non tulit : latro autem videns populum totum cir-

A Rome.

numquid Deum judicem fallebant? Quod fecit Pilatus, in eo ipſo quod fecit : aliquantum particeps fuit ; ſed in comparatione illorum, multò ipſe innocentior. Inſtitit enim quantum potuit, ut illum ex eorum manibus liberaret ; nam propterea flagellatum produxit ad eos. Non perſequendo Dominum flagellavit : ſed eorum furori ſatisfacere volens, ut vel ſic jam miteſcerent, & deſinerent velle occidere, cùm flagellatum viderent. Fecit & hoc. At ubi perſeveraverunt, noſtis illum la-

cumſtantem, clamantem, blaſphemias & dicteria jaculantem, non attendit illis: non cogitavit præſentem Crucifixi vilitatem; ſed ſidei oculis hæc omnia prætergrediens, miſſis illis vilibus impedimentis, agnovit cœlorum Dominum, & ad ipſum animo procumbens, dicebat: Memento mei, Domine, cùm veneris in regnum tuum, Vides, quantorum nobis bonorum crux cauſa fuerit? Dic mihi, Regnum petis? Quid vides hujuſmodi? Clavi & crux in conſpectu ſunt. Verùm ea ipſa crux, inquit, eſt ſymbolum regni. Ideo ipſum regem voco, quia video Crucifixum.

A ROME.

viſſe manus, & dixiſſe quod ipſe non feciſſet mundum ſe eſſe à morte illius. Fecit tamen, ſed ſi reus, quia fecit, vel invitus; illi innocentes, qui coëgerunt ut faceret? Nullo modo. Sed ille dixit in eum ſententiam, & juſſit eum crucifigi, & quaſi ipſe occidit; & vos, ô Judæi, occidiſtis. Unde occidiſtis? gladio linguæ: acuiſtis enim linguas veſtras. Et quando percuſſiſtis, niſi quando clamaſtis: Crucifige, crucifige.

℟. Animam meam dilectam tradidi in manus

Regis enim eſt pro ſubditis mori. Hic ipſe dixit : Bonus paſtor animam ſuam ponit pro ovibus : ergo & bonus rex animam ſuam ponit pro ſubditis. Quoniam igitur animam ſuam poſuit, ideo regem illum voco. Memento mei, Domine, in regno tuo.

℟. Jeſum flagellis cæſum milites induunt purpurâ, & imponunt ei ſpineam coronam ; & cœperunt ſalutare eum : Ave, Rex Judæorum ; & * Percutiebant caput ejus arundine, & conſpuebant eum. ℣. Corpus meum dedi percutientibus, & genas meas vellentibus ; faciem meam non averti à conſpuentibus in me : * Percutiebant caput ejus

A Rome.

inimicorum, & facta eſt mihi hæreditas mea, ſicut leo in ſilva : dedit contra me voces adverſarius, dicens : Congregamini, & properate ad devorandum illum : poſuerunt me in deſerto ſolitudinis, & luxit ſuper me omnis terra. * Quia non eſt inventus qui me agnoſceret, & faceret bene. ℣. Inſurrexerunt in me viri abſque miſericordia, & non pepercerunt animæ meæ. * Quia.

On répete Animam, *juſqu'au* ℣.

arundine, & conſpuebant eum.

III. NOCTURNE.

EXaudi, Deus, orationem meã cùm deprecor : à timore inimici eripe animam meam.

Protexiſti me à conventu malignantium : à multitudine operantium iniquitatem.

Quia exacuerunt ut gladium linguas ſuas : intenderunt arcum rem amaram, ut ſagittent in occultis immaculatum.

Subitto ſagittabunt eum, & non timebunt : firmaverunt ſibi ſermonem nequam.

Narraverunt, ut abſconderent laqueos : dixerunt, Quis videbit eos ?

Scrutati ſunt iniquitates : defecerunt ſcrutantes ſcrutinio.

Accedet homo ad cor altum :

A ROME. III. NOCT.

Pſ. Eripe me, *p.* 105.

Ant. Ab inſurgentibus in me, libera me, Domine, quia occupaverunt animam meam.

2\. *Pſ.* Domine Deus ſalutis, *du* 3. *Noct. de demain.*

& exaltabitur Deus.

Sagittæ parvulorum factæ ſunt plagæ eorum : & infirmatæ ſunt contra eos linguæ eorum.

Conturbati ſunt omnes qui videbant eos : & timuit omnis homo.

Et annuntiaverunt opera Dei : & facta ejus intellexerunt.

Lætabitur juſtus in Domino, & ſperabit in eo : & laudabuntur omnes recti corde.

Ant. Protexiſti me, Deus, à conventu malignantium, à multitudine operantium iniquitatem ; quia exacuerunt ut gladium linguas ſuas.

SAlvum me fac, Deus : quoniã intraverunt aquæ uſque ad animam meam.

Infixus ſum in limo profundi : & non eſt ſubſtantia.

A ROME.

Ant. Longè feciſti notos meos à me : traditus ſum, & non egred.ebar.

Deus ultionum, 3. *Pſ.* du 3. *Nocturne de demain.*

Ant. Captabunt in animam juſti, & ſanguinem

Veni in altitudinem maris : & tempeſtas demerſit me.

Laboravi clamans, raucæ factæ ſunt fauces meæ : defecerunt oculi mei, dum ſpero in Deum meum.

Multiplicati ſunt ſuper capillos capitis mei : qui oderunt me gratis.

Confortati ſunt qui perſecuti ſunt me inimici mei injuſtè : quæ non rapui, tunt exolvebam,

Deus, tu ſcis inſipientiam meã : & delicta mea à te non ſunt abſcondita.

Non erubeſcant in me qui expectant te, Domine : Domine virtutum.

Non confundantur ſuper me : qui quærunt te, Deus Iſraël.

Quoniam propter te ſuſtinui op-

A ROME.

innocentem condemnabunt.

℣. Locuti ſunt adverſùm me lingua doloſa.

℟. Et ſermonibus odii circumdederunt me, & expugnaverunt me gratis.

probrium : operuit confuſio faciē meam.

Extraneus factus ſum fratribus meis : & peregrinus filiis matris meæ.

Quoniam zelus domûs tuæ comedit me : & opprobria exprobrātium tibi ceciderunt ſuper me.

Et operui in jejunio animam meā: & factum eſt in opprobrium mihi.

Et poſui veſtimentum meum cilicium : & factus ſum illis in parabolam.

Adverſum me loquebantur qui ſedebant in porta : & in me pſallebant qui bibebant vinum.

Ego vero orationem meam ad te, Domine : tempus beneplaciti, Deus.

In multitudine miſericordiæ tuæ exaudi me : in veritate ſalutis tuæ.

A ROME.

LEÇON VII.

FEſtinemus ingredi in illam requiem, ut ne in idipſum quis incidat incredulitatis exemplum. Vivus eſt enim ſermo Dei, & efficax, & penetrabilior omni gladio an-

Eripe me de luto, ut non infigar: libera me ab iis qui oderunt me, & de profundis aquarum.

Non me demergat tempeſtas aquæ, neque abſorbeat me profundum: neque urgeat ſuper me puteus os ſuum.

Exaudi me, Domine, quoniam benigna eſt miſericordia tua: ſecundùm multitudinem miſerationum tuarum reſpice in me.

Et ne avertas faciem tuam à puero tuo: quoniam tribulor, velociter exaudi me.

Intende animæ meæ, & libera eam: propter inimicos meos eripe me.

Tu ſcis improperium meum, & confuſionem meam: & reverentiam meam.

In conſpectu tuo ſunt omnes qui

cipiti; & pertingens uſque ad diviſionem animæ ac ſpiritus, compagum quoque, ac medullarum, & diſcretor cogitationum & intentionū cordis. Et non eſt ulla creatura inviſibilis in con-

tribulant me : improperium expectavit cor meum, & miſeriam.

Et ſuſtinui qui ſimul contriſtaretur, & non fuit : & qui conſolaretur ; & non inveni.

Et dederunt in eſcam meam fel : & in ſiti meą potaverunt me aceto.

Fiat menſa eorum coram ipſis in laqueum : & in retributiones, & in ſcandalum.

Obſcurentur oculi eorum ne videant : & dorſum eorum ſemper incurva.

Effunde ſuper eos iram tuam : & furor iræ tuæ comprehendat eos.

Fiat habitatio eorum deſerta : & in tabernaculis eorum non ſit qui inhabitet.

Quoniam quem tu percuſſiſti, perſecuti ſunt : & ſuper dolorem

A ROME.

ſpectu ejus : omnia autem nuda, & aperta ſunt oculis ejus, ad quem nobis ſermo. Habentes ergo Pontificem magnum, qui penetravit cœlos, Jeſum Filium Dei, teneamus confeſſionem. Non enim

vulnerum meorum addiderunt.

Appone iniquitatem ſuper iniquitatem eorum : & non intrent in juſtitiam tuam.

Deleantur de libro viventium : & cum juſtis non ſcribantur.

Ego ſum pauper & dolens : ſalus tua, Deus, ſuſcepit me.

Laudabo nomen Dei cum cantico : & magnificabo eum in laude.

Et placebit Deo ſuper vitulum novellum : cornua producentem & ungulas.

Videant pauperes, & lætentur : quærite Deum, & vivet anima veſtra.

Quoniam exaudivit pauperes Dominus : & vinctos ſuos non deſpexit.

Laudent illum cœli & terra : mare, & omnia reptilia in eis.

A ROME.

habemus Pontificem, qui non poſſit compati infirmitatibus noſtris : tentatum autem per omnia pro ſimilitudine abſque peccato.

℟. Tradiderunt me in manu impiorum, & inter

Quoniam Deus ſalvam faciet Sion : & ædificabuntur civitates Juda.

Et inhabitabunt ibi : & hereditate acquirent eam.

Et ſemen ſervorum ejus poſſidebit eam : & qui diligunt nomen ejus, habitabunt in ea.

Ant. Quem tu percuſſiſti, perſecuti ſunt ; & ſuper dolorem vulnerum meorum addiderunt.

UT quid, Deus, repuliſti in finem ? iratus eſt furor tuus ſuper oves paſcuæ tuæ ?

Memor eſto congregationis tuæ : quam poſſediſti ab initio.

Redemiſti virgam hereditatis tuæ : mons Sion, in quo habitaſti in eo.

Leva manus tuas in ſuperbias eorum in finem : quanta maligna-

A ROME.

iniquos projecerunt me, & non pepercerunt animæ meæ : congregati ſunt adversùm me fortes. * Et ſicut gigantes ſteterunt contra me. ℣. Alieni inſurrexerunt adverſùm me : & fortes quæ-

tus eſt inimicus in ſancto!

Et gloriati ſunt qui oderunt te: in medio ſolemnitatis tuæ.

Poſuerunt ſigna ſua, ſigna: & non cognoverunt, ſicut in exitu ſuper ſummum.

Quaſi in ſilva lignorum ſecuribus exciderunt januas ejus in idipſum: in ſecuri & aſcia dejecerunt eam.

Incenderunt igni ſanctuarium tuum: in terra polluerunt tabernaculum nominis tui.

Dixerunt in corde ſuo cognatio eorum ſimul: Quieſcere faciamus omnes dies feſtos Dei à terra.

Signa noſtra non vidimus; jam non eſt propheta: & nos non cognoſcet ampliùs.

Uſquequo, Deus, improperabit

A ROME.

ſierunt animam meam. * Et ſicut gigantes.

LEÇON VIII.

ADeamus ergo cum fiducia ad thronum gratiæ, ut miſericordiam conſequamur, & gratiam inveniamus in auxilio opportuno. Omnis namque Pontifex ex hominibus

inimicus ? irritat adverſarius nomen tuum in finem ?

Ut quid avertis manum tuam & dexteram tuam : de medio ſinu tuo in finem ?

Deus autem rex noſter ante ſæcula : operatus eſt ſalutem in medio terræ.

Tu confirmaſti in virtute tua mare : & contribulaſti capita draconum in aquis.

Tu confregiſti capita draconis : dediſti eum eſcam populis Æthiopum.

Tu dirupiſti fontes & torrentes : tu ſiccaſti fluvios Ethan.

Tuus eſt dies, & tua eſt nox : tu fabricatus es auroram & ſolem.

Tu feciſti omnes terminos terræ : æſtatem & ver tu plaſmaſti ea.

Memor eſto hujus, inimicus im-

aſſumptus, pro hominibus conſtituitur in iis quæ ſunt ad Deum, ut offerat dona & ſacrificia pro peccatis, qui condolere poſſit iis qui ignorant, & errant : quoniam & ipſe circumdatus eſt infirmi-

properavit Domino : & populus insipiens incitavit nomen tuum.

Ne tradas bestiis animas confitentes tibi : & animas pauperum tuorum ne obliviscaris in finem.

Respice in testamentum tuum : quia repleti sunt, qui obscurati sunt terræ, domibus iniquitatum.

Ne avertatur humilis factus confusus : pauper & inops laudabunt nomen tuum.

Exurge, Deus, judica causam tuam : memor esto improperiorum tuorum, eorum quæ ab insipiente sunt totâ die.

Ne obliviscaris voces inimicorum tuorum : superbia eorum qui te oderunt ascendit semper.

Ant. Exurge, Deus, judica causam tuam : memor esto improperiorum tuorum.

A ROME.

tate. Et propterea debet quemadmodum pro populo, ita etiam & pro semetipso offerre pro peccatis.

℟. Jesum tradidit impius summis Principibus Sacerdotum, & Seniori-

℣. Opprobria exprobrantium tibi. ℟. Ceciderunt ſuper me.

Leçon VII.

De Epiſtola beati Pauli Apoſtoli ad Hebræos.

Habentes Pontificem magnum qui penetravit cœlos, Jeſum Filium Dei, teneamus confeſſionem. Non enim habemus Pontificem qui non poſſit compati infirmitatibus noſtris; tentatum autem per omnia pro ſimilitudine abſque peccato. Adeamus ergo cum fiducia ad thronum gratiæ, ut miſericordiam conſequamur, & gratiam inveniamus in auxilio opportuno. Omnis namque Pontifex ex hominibus aſſumptus, pro hominibus conſtituitur in iis quæ ſunt ad Deum, ut offerat dona & ſacrificia pro peccatis: qui condolere poſſit

A Rome.

bus populi. * Petrus autem ſequebatur à longè, ut videret finem. ℣. Adduxerunt autem eum ad Caïpham Principem Sacerdotum, ubi Scribæ & Phariſæi convenerant. * Petrus autem.

iis qui ignorant & errant; quoniam & ipſe circumdatus eſt infirmitate: & propterea debet,, quemadmodum pro populo, ita etiam & pro ſemetipſo offerre pro peccatis.

℞. Suſceperunt Jeſum, & eduxerunt. * Et bajulans ſibi crucem exivit Jeſus in eum qui dicitur Calvariæ locum. ℣. Tulit Abraham ligna holocauſti, & impoſuit ſuper Iſaac filium ſuum: * Et bajulans.

LEÇON VIII.

NEc quiſquam ſumit ſibi honorem, ſed qui vocatur à Deo, tanquam Aaron. Sic & Chriſtus non ſemetipſum clarificavit ut Pontifex fieret; ſed qui locutus eſt ad eum: Filius meus es tu, ego hodie genui te. Quemadmodum & in alio loco dicit: Tu es Sacerdos in æternum ſecundùm or-

A ROME.

LEÇON IX. Nec quiſquam, *ci-deſſus.*

℞. Caligaverunt oculi mei à fletu meo; quia elongatus eſt à me qui conſolabatur me. Videte omnes populi: * Si eſt dolor ſimilis ſicut dolor

dinem Melchiſedech. Qui in diebus carnis ſuæ, preces ſupplicationeſque ad eum qui poſſit illum ſalvum facere à morte, cum clamore valido & lacrymis offerens, exauditus eſt pro ſua reverentia. Et quidem cùm eſſet Filius Dei, didicit ex eis quæ paſſus eſt, obedientiam; & conſummatus, factus eſt omnibus obtemperantibus ſibi cauſa ſalutis æternæ, appellatus à Deo Pontifex juxta ordinem Melchiſedech.

℟. Crucifixerunt Jeſum, & latrones, unum à dextris, & alterum à ſiniſtris. Jeſus autem dicebat: *Pater, dimitte illis; non enim ſciunt quid faciunt. ℣. Cum ſceleratis reputatus eſt; & ipſe peccata multorum tulit, & pro tranſgreſſoribus rogavit. *Pater.

A Rome.

meus. ℣. O vos omnes qui tranſitis per viam, attendite, & videte: *Si eſt dolor.

On répéte Caligaverunt, *juſqu'au* ℣.

Fin du III. Noct. à Rome.

Leçon IX.

ET alii quidem plures facti ſunt Sacerdotes, idcirco quod morte prohiberentur permanere : hic autem eò quòd maneat in æternum, ſempiternum habet ſacerdotium. Unde & ſalvare in perpetuum poteſt accedentes per ſemetipſum ad Deum, ſemper vivens ad interpellandum pro nobis. Talis enim decebat ut nobis eſſet Pontifex, ſanctus, innocens, impollutus, ſegregatus à peccatoribus, & excelſior cœlis factus : qui non habet neceſſitatem quotidie, quemadmodum ſacerdotes, priùs pro ſuis delictis hoſtias offerre, deinde pro populi ; hoc enim fecit ſemel, ſeipſum offerendo.

℟. Ipſe vulneratus eſt propter iniquitates noſtras, attritus eſt propter ſcelera noſtra : * Diſciplina pacis noſtræ ſuper eum, & livore ejus ſanati ſumus. ℣. Peccata noſtra ipſe pertulit in corpore ſuo ſuper lignum ; ut peccatis mortui , juſtitiæ vivamus. * Diſciplina pacis noſtræ. *On répete le* ℟. Ipſe *juſqu'au* ℣.

A LAUDES.

VErba mea auribus percipe , Domine : intellige clamorem meum.

Intende voci orationis meæ ; Rex meus & Deus meus.

Quoniam ad te orabo , Domine : manè exaudies vocem meam.

Manè aſtabo tibi , & videbo : quoniam non Deus volens iniqui-

A ROME.

Pſ. Miſerere mei , *ci-devant , p.* 83.

Ant. Proprio filio ſuo non pepercit Deus , ſed pro nobis omnibus tradidit illum.

Pſ. Domine exaudi , 3. *Pſ. de demain à Laudes.*

Ant. Anxiatus eſt ſuper me ſpiritus meus : in me turbatum eſt cor meum.

DEus, Deus meus : ad te de luce vigilo.

Sitivit in te anima mea : quam multipliciter tibi caro mea.

In terra deſerta , & invia , & inaquoſa : ſic in ſancto apparui tibi , ut viderem virtutem tuam , & gloriam tuam.

Quoniam melior eſt

tatem tu es.

Neque habitabit juxta te malignus : neque permanebunt injuſti ante oculos tuos.

Odiſti omnes qui operantur iniquitatem : perdes omnes qui loquuntur mendacium.

Virum ſanguinem & doloſum : abominabitur Dominus.

Ego autem in multitudine miſericordiæ tuæ introibo in domum tuam : adorabo ad templum ſanctum tuum in timore tuo.

Domine, deduc me in juſtitia tua : propter inimicos meos dirige in conſpectu tuo viam meam.

A ROME. A LAUDES.

miſericordia tua ſuper vitas : labia mea laudabunt te.

Sic benedicam te in vita mea : & in nomine tuo levabo manus meas.

Sicut adipe & pinguedine repleatur anima mea : & labiis exultationis laudabit os meum.

Si memor fui tui ſuper ſtratum meum, in matutinis meditabor in te : quia fuiſti adjutor meus.

Et in velamento alarum tuarum exultabo, adhæſit anima mea poſt te : me ſuſcepit dextera tua.

Ipſi verò in vanum quæſierunt animam meã, introibunt in inferiora terræ : tradentur in ma-

Quoniam non eſt in ore eorum veritas cor eorum vanum eſt.

Sepulcrum patens eſt guttur eorum, linguis ſuis doloſè agebant : judica illos Deus.

Decidant à cogitationibus ſuis : ſecundùm multitudinem impietatum eorum expelle eos : quoniam irritaverunt te, Domine.

Et lætentur omnes qui ſperant in te : in æternum exultabunt, & habitabis in eis.

Et gloriabuntur in te omnes qui diligunt nomen tuum : quoniam tu benedices juſto.

Domine, ut ſcuto bonæ volun-

A ROME.

nus gladii, partes vulpium erunt.

Rex verò lætabitur in Deo, laudabuntur omnes qui jurant in eo : quia obſtructum eſt os loquentium iniqua.

Ant. Ait latro ad latronem : Nos quidem digna factis recipimus, hic autem quid fecit ? Memento mei, Domine, dùm veneris in regnum tuum.

Cantique.

DOmine, audivi auditionem tuam : & timui.

Domine, opus tuum : in medio annorum vivifica illud.

In medio annorum

tatis tuæ: coronasti nos.

Ant. Posuit Pilatus titulum super crucem; erat autem scriptum: Jesus Nazarenus, Rex Judæorum.

QUemadmodum desiderat cervus ad fontes aquarum: ita desiderat anima mea ad te, Deus.

Sitivit anima mea ad Deum fortem, vivum: quando veniam, & apparebo ante faciem Dei?

Fuerunt mihi lacrymæ meæ panes die ac nocte: dum dicitur mihi quotidie; ubi est Deus tuus?

Hæc recordatus sum, & effudi in me animam meam: quoniam

A ROME.

notum facies: cùm iratus fueris, misericordiæ recordaberis.

Deus ab austro veniet: & Sanctus de monte Pharan.

Operuit cœlos gloria ejus: & laudis ejus plena est terra.

Splendor ejus ut lux erit: cornua in manibus ejus.

Ibi abscondita est fortitudo ejus: ante faciem ejus ibit mors.

Et egredietur diabolus ante pedes ejus: stetit, & mensus est terram.

Aspexit & dissolvit gentes: & contriti sunt montes sæculi.

Incurvati sunt colles mundi: ab itineribus æternitatis ejus.

transſibo in locum tabernaculi admirabilis, uſque ad domum Dei.

In voce exultationis & confeſſionis : ſonus epulantis.

Quare triſtis es, anima mea? & quare conturbas me?

Spera in Deo, quoniam adhuc confitebor illi : ſalutare vultûs mei, & Deus meus.

Ad meipſum anima mea conturbata eſt : propterea memor ero tuî de terra Jordanis : & Hermoniim à monte modico.

Abyſſus abyſſum invocat : in voce cataractarum tuarum.

Omnia excelſa tua, & fluctus tui :

A ROME.

Pro iniquitate vidi tentoria Æthiopiæ : turbabuntur pelles terræ Madian.

Numquid in fluminibus iratus es, Domine : aut in fluminibus furor tuus, vel mari indignatio tua?

Qui aſcendes ſuper equos tuos : & quadrigæ tuæ ſalvatio.

Suſcitans ſuſcitabis arcum tuum : juramenta tribubus quæ locutus es.

Fluvios ſcindes terræ, viderunt te, & doluerunt montes : gurges aquarum tranſiit.

Dedit abyſſus vocem ſuam : altitudo manus ſuas levavit.

Sol & luna ſteterunt in habitaculo ſuo : in luce

ſuper me tranſierunt.

In die mandavit Dominus miſericordiam ſuam : & nocte canticum ejus.

Apud me oratio Deo vitæ meæ : dicam Deo ; Suſceptor meus es.

Quare oblitus es meî, & quare contriſtatus incedo : dum affligit me inimicus ?

Dum confringuntur oſſa mea : exprobraverunt mihi qui tribulant me inimici mei.

Dum dicunt mihi per ſingulos dies : Ubi eſt Deus tuus ?

Quare triſtis es, anima mea ? & quare conturbas me ?

Spera in Deo, quoniam adhuc confitebor illi : ſalutare vultûs mei, & Deus meus.

Ant. Milites cùm crucifixiſſent

A ROME.

ſagittarum tuarum, ibunt in ſplendore fulgurantis haſtæ tuæ.

In fremitu conculcabis terram, & in furore obſtupeſacies gentes.

Egreſſus es in ſalutem populi tui : in ſalutem cum Chriſto tuo.

Percuſſiſti caput de

eum, acceperunt veſtimenta ejus & tunicam, mittentes ſortem ſuper eis, quis quid tolleret.

MIſerere mei, Deus, miſerere mei : quoniam in te confidit anima mea.

Et in umbra alarum tuarum ſperabo : donec tranſeat iniquitas.

Clamabo ad Deum altiſſimum : Deum qui benefecit mihi.

Miſit de cœlo, & liberavit me : dedit in opprobrium conculcantes me.

Miſit Deus miſericordiam ſuam & veritatem ſuam : & eripuit animam meam de medio catulorum leonum ; dormivi conturbatus.

Filii hominum, dentes eorum arma & ſagittæ : & lingua eorum gladius acutus.

A ROME.

domo impii : denudaſti fundamentum ejus uſque ad collum.

Maledixiſti ſceptris ejus, capiti bellatorum ejus : venientibus ut turbo ad diſpergendum me.

Exultatio eorum : ſicut ejus qui devorat pauperem in abſcondito.

Exaltare ſuper cœlos, Deus : & in omnem terram gloria tua.

Laqueum paraverunt pedibus meis : & incurvaverunt animam meam.

Foderunt ante faciem meam foveam : & inciderunt in eam.

Paratum cor meum, Deus, paratum cor meum : cantabo & pſalmum dicam.

Exurge, gloria mea ; exurge, pſalterium & cithara : exurgam diluculo.

Confitebor tibi in populis, Domine : & pſalmum dicam tibi in gentibus.

Quoniam magnificata eſt uſque ad cœlos miſericordia tua : & uſque ad nubes veritas tua.

Exaltare ſuper cœlos, Deus : &

A ROME.

Viam feciſti in mari equis tuis : in luto aquarum multarum.

Audivi, & conturbatus eſt venter meus : à voce contremuerunt labia mea.

Ingrediatur putredo in oſſibus meis : & ſubter me ſcateat.

ſuper omnem terram gloria tua.

Ant. Prætereuntes blaſphemabant eum, moventes capita ſua, & dicentes : Salva temetipſum ; ſi Filius Dei es, deſcende de cruce.

CANTIQUE.

CAntabo dilecto meo : canticum patruelis mei vineæ ſuæ.

Vinea facta eſt dilecto meo : in cornu filio olei.

Et ſepivit eam, & lapides elegit ex illa : & plantavit eam electã.

Et ædificavit turrim in medio ejus : & torcular extruxit in ea.

Et expectavit ut faceret uvas : & fecit labruſcas.

Nunc ergo, habitatores Jeruſalem, & viri Juda : judicate inter me & vineam meam.

Quid eſt quod debui ultra fa-

A ROME.

Ut requieſcam in die tribulationis : ut aſcendam ad populum accinctum noſtrum.

Ficus enim non florebit : & non erit germen in vineis.

Mentietur opus olivæ : & arva non afferent cibum.

cere vineæ meæ, & non feci ei? an quod expectavi ut faceret uvas, & fecit labruſcas?

Et nunc oſtendam vobis quid ego faciam vineæ meæ : auferam ſepem ejus, & erit in direptionem.

Diruam maceriam ejus : & erit in conculcationem.

Et ponam eam deſertam; non putabitur, & non fodietur : & aſcendent vepres & ſpinæ.

Et nubibus mandabo : ne pluant ſuper eam imbrem.

Ant. Dederunt ei vinum bibere cum felle miſtum : & milites acetum offerentes ei, illudebant, dicentes : Si tu es Rex Judæorum, ſalvum te fac.

A ROME.

Abſcindetur de ovili pecus : & non erit armentum in præſepibus.

Ego autem in Domino gaudebo : & exultabo in Deo Jeſu meo.

Deus Dominus fortitudo mea : & ponet pedes meos quaſi cervorum.

Et ſuper excelſa mea deducet me victor : in pſalmis canentem.

CAntate Domino canticum novum: laus ejus in Ecclesia Sanctorum.

Lætetur Israël in eo qui fecit eum: & filii Sion exultent in rege suo.

Laudent nomen ejus in choro: in tympano & psalterio psallant ei.

Quia beneplacitum est Domino in populo suo: & exaltabit mansuetos in salutem.

Exultabunt sancti in gloria: lætabuntur in cubilibus suis.

Exaltationes Dei in gutture eorum: & gladii ancipites in manibus eorum.

Ad faciendam vindictam in nationibus: increpationes in populis.

Ad alligandos reges eorum in

A ROME.

Ant. Cùm conturbata fuerit anima mea: Domine, misericordiæ memor eris.

Ps. Laudate Dominum de cœlis, *p.* 77.

Ps. Cantate Domino canticum novum, *ci-dessus.*

Ant. Memento mei, Domine, dùm veneris in regnum tuum.

compedibus : & nobiles eorum in manicis ferreis.

Ut faciant in eis judicium conſcriptum : gloria hæc eſt omnibus ſanctis ejus.*

Ant. Unus de latronibus blaſphemabat eum. Reſpondens autem alter increpabat eum, dicens : Nos quidem digna factis recipimus ; hic verò nihil mali geſſit.

A Benedictus, *p.* 79. *Ant.* Dicebat ad Jeſum : Domine, memento mei, cùm veneris in regnum tuum. Et dixit illi Jeſus : Amen dico tibi : Hodie mecum eris in paradiſo.

Les Prieres comme hier, p. 82.

Complies du Dimanche.

A ROME.

℣. Collocavit me in obſcuris. ℟. Sicut mortuos ſæculi.

Pſ. Laudate Dominum in ſanctis, 4. *Pſ. de Laudes de demain, le reſte comme hier*, *p.* 87.

A Benedictus, *p.* 79.

Ant. Poſuerunt ſuper caput ejus : cauſam ipſius ſcriptam : Jeſus Nazarenus rex Judæorum.

Fin de l'Office du Jeudy.

LE

LE VENDREDY SAINT, A TENEBRES.

Pour le Samedy.

I. NOCTURNE.

Omine, Deus meus, in te ſperavi : ſalvum me fac ex omnibus perſequentibus me, & libera me.

Nequando rapiat ut leo animam meam : dum non eſt qui redimat, neque qui ſalvum faciat.

Domine, Deus meus, ſi feci iſtud : ſi eſt iniquitas in manibus meis.

Si reddidi retribuentibus mihi mala : decidam meritò ab inimicis meis inanis.

Perſequatur inimicus animam

A ROME. I. NOCT.

Pſ. Cum invocarem, ci-devant, p. 20.

Ant. In pace in idipſum, dormiam & requieſcam.

Pſ. Domine, quis ha-

meam, & comprehendat, & conculcet in terra vitam meam : & gloriam meam in pulverem deducat.

Exurge, Domine, in ira tua : & exaltare in finibus inimicorum meorum.

Et exurge, Domine Deus meus, in præcepto quod mandaſti.

Et ſynagoga populorum circumdabit te : & propter hanc in altum regredere.

Dominus judicat populos : judica me, ſecundùm juſtitiam meam, & ſecundùm innocentiam meam ſuper me.

Conſumetur nequitia peccatorum : & diriges juſtum, ſcrutans corda & renes, Deus.

Juſtum adjutorium meum à Domino : qui ſalvos facit rectos corde.

A ROME.

bitabit, & *Ant. qui ſuivent, ci-après, p. 148.*

Pſ. Conſerva me, & *Ant. qui ſuivent. p. 149.*

℣. In pace in idipſum :

℟. Dormiam & requieſcam.

Pater noſter, *tout bas.*

Deus judex juſtus, fortis & patiens : numquid iraſcitur per ſingulos dies ?

Niſi converſi fueritis, gladium ſuum vibrabit : arcum ſuum tetendit, & paravit illum.

Et in eo paravit vaſa mortis : ſagittas ſuas ardentibus effecit.

Ecce parturiit injuſtitiam : concepit dolorem, & peperit iniquitatem.

Lacum aperuit, & effodit eum : & incidit in foveam quam fecit.

Convertetur dolor ejus in caput ejus : & in verticem ipſius iniquitas ejus deſcendet.

Confitebor Domino ſecundùm juſtitiam ejus : & pſallam nomini Domini altiſſimi.

A ROME.

LEÇON I.

De Lamentatione Jeremiæ Prophetæ.

HETH. MIſericordiæ Domini, quia non ſumus conſumpti : quia non defecerunt miſerationes ejus.

HETH. Novi diluculo : multa eſt fides tua.

HETH. Pars mea Dominus, dixit anima mea : propterea expectabo eũ.

TETH. Bonus eſt Do-

Ant. Consumetur nequitia peccatorum ; & diriges justum, Domine.

DOmine, quis habitabit in tabernaculo tuo ? aut quis requiescet in monte sancto tuo ?

Qui ingreditur sine macula : & operatur justitiam.

Qui loquitur veritatem in corde suo : qui non egit dolum in lingua sua.

Nec fecit proximo suo malum : & opprobrium non accepit adversùs proximos suos.

Ad nihilum deductus est in conspectu ejus malignus : timentes autem Dominum glorificat.

Qui jurat proximo suo, & non decipit : qui pecuniam suam non

A ROME.

minus sperantibus in eū : animæ quærenti illum.

TETH. Bonum est præstolari cum silentio salutare Dei.

TETH. Bonum est viro, cùm portaverit jugum ab adolescentia sua.

JOD. Sedebit solitarius, & tacebit : quia levavit super se.

JOD. Ponet in pulvere os suum : si fortè sit spes.

dedit ad uſuram, & munera ſuper innocentem non accepit.

Qui facit hæc : non movebitur in æternum.

Ant. Habitabit in tabernaculo tuo : requieſcet in monte ſancto tuo.

Conſerva me, Domine : quoniam ſperavi in te.

Dixi Domino ; Deus meus es tu : quoniam bonorum meorum non eges.

Sanctis qui ſunt in terra ejus : mirificavit omnes voluntates meas in eis.

Multiplicatæ ſunt infirmitates eorum : poſteà acceleraverunt.

Non congregabo conventicula eorum de ſanguinibus : nec memor ero nominum eorum per labia mea.

A Rome.

Jod. Dabit percutienti ſe maxillam : ſaturabitur opprobriis.

Jeruſalem, Jeruſalem, convertere ad Dominum Deum tuum.

℟. Sicut ovis ad occiſionem ductus eſt : & dum malè tractaretur, non aperuit os ſuum. Traditus eſt ad mortem. * Ut vivificaret populum ſuũ. ℣. Tradidit in mortem animam ſuam : & inter

Dominus pars hereditatis meæ & calicis mei : tu es qui reſtitues hereditatem meam mihi.

Funes ceciderunt mihi in præclaris : etenim hereditas mea præclara eſt mihi.

Benedicam Dominum qui tribuit mihi intellectum : inſuper & uſque ad noctem increpuerunt me renes mei.

Providebam Dominum in conſpectu meo ſemper : quoniam à dextris eſt mihi , ne commovear.

Propter hoc lætatum eſt cor meum , & exultavit lingua mea : inſuper & caro mea requieſcet in ſpe.

Quoniam non derelinques animam meam in inferno : nec dabis

A ROME.

ſcelerator reputatus eſt. * Ut vivificaret.

Leçon. Quomodo , *ci-après. Il faut dire au chiffre* 1. ALEPH. 2. BETH. 3. GHIMEL. 4. DALETH. 5. HE'. 6. VAU.

℟. Jeruſalem , ſurge : & exue te veſtibus jucunditatis : induere cinere & cilicio : * Quia in te oc-

Sanctum tuum videre corruptionem.

Notas mihi fecisti vias vitæ ; adimplebis me lætitiâ cum vultu tuo : delectationes in dextera tua usque in finem.

Ant. Caro mea requiescet in spe.

℣. Non derelinques animam meam in inferno : ℟. Nec dabis Sanctum tuum videre corruptionem.

LEÇON I.

De Lamentatione Jeremiæ Prophetæ.

1. QUomodo obscuratum est aurum, mutatus est color optimus, dispersi sunt lapides sanctuarii in capite omnium platearum ? 2. Filii Sion inclyti,

A ROME.

citus est Salvator Israel.

℣. Deduc quasi torrentem lacrymas per diem & noctem, & non taceat pupilla oculi tui. * Quia in te.

LEÇON III.

Incipit Oratio Jeremiæ Prophetæ.

REcordare, Domine, quid acc derit nobis: intuere & respice in op-

& amicti auro primo, quomodo
reputati ſunt in vaſa teſtea, opus
manuum figuli? 3. Sed & lamiæ
nudaverunt mammam, lactaverunt
catulos ſuos : filia populi mei, cru-
delis ; quaſi ſtruthio in deſerto.
4. Adhæſit lingua lactentis ad pa-
latum ejus in ſiti : parvuli petierunt panem, & non erat qui fran-
geret eis. 5. Qui veſcebantur vo-
luptuosè, interierunt in viis : qui
nutriebantur in croceis, amplexati
ſunt ſtercora. 6. Et major effecta
eſt iniquitas filiæ populi mei peccato Sodomorum, quæ ſubverſa
eſt in momento : & non ceperunt
in ea manus. Jeruſalem.

℟. Aſpicient ad me quem con-
fixerunt ; & *Plangent eum planctu

A Rome.

probrium noſtrum. Hæreditas noſtra verſa eſt ad alienos : domûs noſtræ ad extraneos. Pupilli facti ſumus abſque patre ; matres noſtræ quaſi viduæ. Aquam noſtram pecuniâ bibimus : ligna noſtra pretio comparavimus. Cervicibus noſtris

quasi super unigenitum, & dolebunt super eum ut in morte primogeniti. ℣. Centurio, & qui cum eo erant, timuerunt valde, dicentes : Vere Filius Dei erat iste. Et percutientes pectora sua, revertebantur : * Plangent eum.

Leçon II.

Cum adhuc subsisteremus, defecerunt oculi nostri ad auxilium nostrum vanum, cùm respiceremus attenti ad gentem quæ salvare non poterat. Lubricaverunt vestigia nostra in itinere platearum nostrarum : appropinquavit finis noster : completi sunt dies nostri, quia venit finis noster. Velociores fuerunt persecutores nostri aquilis cœli : super montes per-

A Rome.

minabamur : lassis non dabatur requies. Ægypto dedimus manum, & Assyriis, ut saturaremur pane. Patres nostri peccaverunt, & non sunt : & nos iniquitates eorũ portavimus. Servi dominati sunt nostri : non fuit qui redimeret de manu eo-

ſecuti ſunt nos, in deſerto inſidiati ſunt nobis. Spiritus oris noſtri Chriſtus Dominus captus eſt in peccatis noſtris; cui diximus: In umbra tua vivemus in gentibus. Gaude & lætare, filia Edom, quæ habitas in terra Hus: ad te quoque perveniet calix: inebriaberis atq; nudaveris. Completa eſt iniquitas tua, filia Sion: non addet ultra ut tranſmigret te; viſitavit iniquitatem tuam, filia Edom: diſcooperuit peccata tua. Jeruſalem.

℟. In una domo comedetur agnus, nec efferetis de carnibus ejus foras; & * Os non comminuetis ex eo. ℣. Ut viderunt Jeſum jam mortuum, non fregerunt ejus crura, ut Scriptura impleretur: * Os non comminuetis.

A ROME.

rum. In animabus noſtris afferebamus panem nobis, à facie gladii in deſerto. Pelli noſtra quaſi clibanus, exuſta eſt à facie tempeſtatum famis. Mulieres in Sion humiliaverunt, & virgines in civitatibus Juda.

Jeruſalem, Jeruſalem,

Leçon III.

De Oratione Jeremiæ Prophetæ.

Defecit gaudium cordis noſtri : verſus eſt in luctum chorus noſter. Cecidit corona capitis noſtri : væ nobis quia peccavimus. Propterea mœſtum factum eſt cor noſtrum : ideo contenebrati ſunt oculi noſtri. Propter montem Sion quia diſperiit, vulpes ambulaverunt in eo. Tu autem, Domine, in æternum permanebis, ſolium tuum in generationem & generationem. Quare in perpetuum obliviſceris noſtri ? derelinques nos in longitudine dierum? Converte nos, Domine, ad te, & convertemur : innova dies noſtros ſicut à principio. Sed projiciens repuliſti nos;

A Rome.

convertere ad Dominum Deum tuum.

℟. Plange quaſi virgo plebs mea, ululate paſtores in cinere & cilicio. * Quia veniet dies Domini magna & amara valdè. ℣. Accingite vos Sacerdotes, & plangite : Miniſtri Altaris, aſpergite vos cinere. * Quia.

On répete : Plange.

iratus es contra nos vehementer. Jerusalem.

℟. In die illa erit fons patens domui David, & habitantibus Jerusalem, * In ablutionem peccatoris. ℣. Unus militum lanceâ latus Jesu aperuit, & continuò exivit sanguis & aqua, * In ablutionem peccatoris.

II. NOCTURNE.

DOmini est terra, & plenitudo ejus: orbis terrarum, & universi qui habitant in eo.

Quia ipse super maria fundavit eum: & super flumina præparavit eum.

Quis ascendet in montem Domini? * aut quis stabit in loco sancto ejus?

A ROME. II. NOCT.

Ps. Domini est terra, *ci-dessus, & Ant. qui suit.*

Ps. Dominus illuminatio, *ci-devant*, *p.* 94.

Ant. Credo videre bona Domini, in terra viventium.

Ps. Exaltabo te, *ci-après*, *p.* 158.

Ant. Domine, abstraxisti ab inferis animam meam.

℣. Tu autem, Domine, miserere mei. ℟. Res-

Innocens manibus & mundo corde: qui non accepit in vano animam ſuam ; nec juravit in dolo proximo ſuo.

Hic accipiet benedictionem à Domino : & miſericordiam à Deo ſalutari ſuo.

Hæc eſt generatio quærentium eum : quærentium faciem Dei Jacob.

Attollite portas principes veſtras ; & elevamini, portæ æternales : & introibit Rex gloriæ.

Quis eſt iſte Rex gloriæ ? Dominus fortis & potens, Dominus potens in prælio.

Attollite portas principes veſtras ; & elevamini, portæ æternales : & introibit Rex gloriæ.

A ROME.

ſuſcita me, & retribuam tibi.

LEÇON IV.

Ex tractatu S. Auguſtini Epiſcopi ſuper Pſalmos.

ACcedet homo ad cor altum, & exaltabitur Deus. Illi dixerunt : Quis nos videbit ? Defecerunt ſcrutantes ſcrutationes conſilia mala. Acceſſit homo ad ipſa conſilia, paſſus eſt ſe teneri ut homo, non enim

Quis eſt iſte Rex gloriæ ? Dominus virtutum ipſe eſt Rex gloriæ.

Ant. Elevamini, portæ æternales; & introibit Rex gloriæ.

EXaltabo te, Domine, quoniam ſuſcepiſti me : nec delectaſti inimicos meos ſuper me.

Domine Deus meus, clamavi ad te : & ſanaſti me.

Domine, eduxiſti ab inferno animam meam : ſalvaſti me à deſcendentibus in lacum.

Pſallite Domino, ſancti ejus : & confitemini memoriæ ſanctitatis ejus.

Quoniam ira in indignatione ejus : & vita in voluntate ejus.

Ad veſperum demorabitur fle-

A ROME.

tenetur niſi homo, aut videretur niſi homo, aut cæderetur niſi homo, aut crucifigeretur, aut moreretur niſi homo. Acceſſit ergo homo ad illas omnes paſſiones, quæ in illo nihil valerent niſi eſſet homo. Sed ſi ille non eſſet homo, non liberaretur homo. Acceſſit homo ad cor altum, id eſt, cor ſecretum : objiciens aſpectibus humanis

tus : & ad matutinum lætitia.

Ego autem dixi in abundantia mea : Non movebor in æternum.

Domine, in voluntate tua : præstitisti decori meo virtutem.

Avertisti faciem tuam à me : & factus sum conturbatus.

Ad te, Domine, clamabo : & ad Deum meum deprecabor.

Quæ utilitas in sanguine meo : dum descendo in corruptionem ?

Numquid confitebitur tibi pulvis : aut annuntiabit veritatem tuã ?

Audivit Dominus, & misertus est mei : Dominus factus est adjutor meus.

Convertisti planctum meum in gaudium mihi : conscidisti saccum meum, & circumdedisti me lætitiâ.

A ROME.

hominem : servans intùs Deum : celans formam Dei, in qua æqualis est Patri : & offerens formam servi, quâ minor est Patre.

℟. Recessit Pastor noster, fons aquæ vivæ, ad cujus transitum sol obscuratus est. * Nam & ille captus est, qui captivum tenebat primum hominem : hodie portas mortis, & seras pariter Sal-

Ut cantet tibi gloria ma, & non compungar : Domine Deus meus, in æternum confitebor tibi.

Ant. Domine, eduxisti ab inferno animam meam.

EXaudi, Deus, deprecationem meam : intende orationi meæ.

A finibus terræ ad te clamavi, dum anxiaretur cor meum : in petra exaltasti me.

Deduxisti me, quia factus es spes mea : turris fortitudinis à facie inimici.

Inhabitabo in tabernaculo tuo in sæcula : protegar in velamento alarum tuarum.

Quoniam tu, Deus meus, exaudisti orationem meam : dedisti he-

vator noster dirupit.

℣. Destruxit quidem claustra inferni, & subvertit potentias diaboli. * Nam & ille captus.

LEÇON V.

QUò perduxerunt illas scrutationes suas, quas perscrutantes defecerunt, ut etiam mortuo Domino & sepulto, custodes ponerent ad sepulchrum ? Dixerunt enim Pilato: Seductor ille, (hoc appellabatur nomine Dominus Jesus

reditatem timentibus nomen tuum.

Dies ſuper dies regis adjicies : annos ejus uſque in diem generationis & generationis.

Permanet in æternum in conſpectu Dei : miſericordiam & veritatem ejus quis requiret ?

Sic pſalmum dicam nomini tuo in ſæculum ſæculi : ut reddam vota mea de die in diem.

Ant. Intende, Deus, orationi meæ : à finibus terræ ad te clamavi.

℣. Tu, Domine, miſerere mei,

℟. Et reſuſcita me, & retribuam eis.

LEÇON IV.

Sermo ſancti Joannis Chryſoſtomi.

HOdie, dilectiſſimi, omnia inferorum loca circuit Dominus noſter : hodie portas æreas con-

A ROME.

Chriſtus, ad ſolatium ſervorum ſuorum, quando dicuntur ſeductores.) Ergo illi Pilato : Seductor ille, inquiunt, dixit adhuc vivens : Poſt tres dies reſurgam. Jube itaque cuſtodiri ſepulchrum uſque in diem tertium, ne fortè veniant diſcipuli ejus, & furentur eum, & dicant plebi : Surrexit à mortuis, & erit noviſſimus error pejor priore. Ait illis Pi-

fregit : hodie vectes ferreos contrivit. Vide in Propheta dicti accurationem. Non dixit, Aperuit portas æreas, sed, Confregit ; ut inutilis deinceps carcer fiat. Non abstulit vectes, sed contrivit ; ut custodia deinceps fragilis & infirma reddatur, ubi neque janua, neque vectis, & licet quis intret, non tenetur. Quando igitur Christus confregit, quis alius reparare poterit? Reges cùm vinctos dimittere volunt, missis epistolis non ita agunt; sed tam fores quam custodes relinquunt, ut ostendant eò denuò ingrediendum esse, vel illis qui jam liberi abierunt, vel eorum loco, aliis. Non ita Christus : sed demonstrare volens mortem jam ad

latus; Habetis custodiam, ite, custodite, sicut scitis. Illi autem abeuntes munierunt sepulchrum, signantes lapidem cum custodibus.

℟. O vos omnes, qui transitis per viam, attendite & videte, * Si est dolor similis sicut dolor meus. ℣. Attendite universi populi, & videte dolorem meum : * Si est dolor.

finem metamque pervenisse, æreas ejus portas confregit, hoc est, immitem illam, & inexorabilem mortis necessitatem.

℟. Christus pro peccatis nostris mortuus est, ut nos offerret Deo, mortificatus carne, vivificatus autem spiritu, in quo * Et his qui in carcere erant spiritibus, veniens prædicavit. ℣. Confiteantur Domino misericordiæ ejus, quia contrivit portas æreas, & vectes ferreos confregit: * Et his.

Leçon V.

Porrò, quod admiratione dignissimum est, Rex ipse ad vinctos venit. Atqui nullus Rex umquam hoc dignaretur facere; sed ministri vinctos dimittunt. Se-

A Rome.

Leçon VI.

Posuerunt custodes milites ad sepulchrũ: concussâ terrâ, Dominus resurrexit: miracula facta sunt talia circa sepulchrum, ut & ipsi milites, qui custodes advenerant, testes fierent, si vellent vera nuntiare. Sed avaritia illa quæ captivavit discipulum comitem Christi, captivavit & militem custodem sepulchri. Da-

cùs hic : ipſemet Rex ad vinctos venit. Non erubuit carcerem neq; detentos in carcere, (de eo enim quem finxerat erubeſcere non potuit) & confregit fores, & vectes contrivit. Superaſtitit inferno ; & deſertam fecit totam illius cuſtodiam ; carceriſque cuſtode in vincula conjecto, ad nos remeavit. Tyrannus captivus ducebatur ; fortis, vinctus : ipſa mors, abjectis armis, nuda ad pedes regis cucurrit.

℟. Participavit carni & ſanguini, * Ut per mortem deſtrueret eum qui habebat mortis imperium, id eſt, diabolum, & liberaret eos qui timore mortis per totam vitam obnoxii erant ſervituti. ℣. Præcipitabit mortem in ſempiternum,

A Rome.

mus, inquiunt, vobis pecuniam, & diſcite, quia vobis dormientibus venerunt diſcipuli ejus, & abſtulerunt eum. Verè defecerunt ſcrutantes ſcrutationes. Quid eſt quod dixiſti, ô infelix aſtutia ? Tantumne deſeris lucem conſilii pietatis, & in profunda verſutia demergeris, ut hoc dicas : Dicite quia vobis dormientibus venerunt diſcipuli

quia Dominus locutus eſt ; * Ut per mortem.

Leçon VI.

Vidiſti mirandam victoriam : vidiſti crucis beneficia. De morte immortales facti ſumus ; hæc ſunt præclara crucis facinora. Intellexiſti victoriam : intellexiſti modum victoriæ. Diſce nunc quomodo ſine labore & ſudore noſtro victoria hæc fuerit parta. Nos arma non cruentavimus , non ſtetimus in acie, non accepimus vulnera , neque vidimus bellum : & tamen victoriam obtinuimus. Certamen Domini fuit corona noſtra. Cùm ergo & noſtra ſit victoria , milites imitemur , lætiſque vocibus,

A Rome.

ejus , & abſtulerunt eum. Dormientes teſtes adhibes : verè tu ipſe obdormiſti , qui ſcrutando talia defeciſti.

℟. Ecce quomodò moritur juſtus , & nemo percipit corde : & viri juſti tolluntur , & nemo conſiderat. A facie iniquitatis ſublatus eſt juſtus , * Et erit in pace memoria ejus. ℣. Tanquam agnus coram tondente ſe obmutuit , & non aperuit os ſuum : de anguſtia &

victoriæ laudes & carmina hodie decantemus. Dicamus, Dominum laudantes : Abſorpta eſt mors in victoria. Ubi eſt, mors, victoria tua ? ubi ſtimulus tuus, inferne ? Hæc omnia præclara facta crux nobis peperit. Crux trophæum contra dæmones erectum, gladius contra peccatum, gladius quo ſerpentem confodit Chriſtus. Crux Patris voluntas, Unigeniti gloria, Spiritus exultatio, Angelorum decus, Eccleſiæ ſecuritas, gloriatio Pauli, Sanctorum murus, totius orbis lumen.

℟. Beati qui lavant ſtolas ſuas in ſanguine Agni; * Ut ſit poteſtas eorum in ligno vitæ, & per portas intrent in civitatem. ℣. In ſanguine teſtamenti tui emiſiſti de lacu vinctos tuos ; * Ut ſit.

A ROME.

de judicio ſublatus eſt. * Et erit.

On répete : Ecce quomodo.

III. NOCTURNE.

NOtus in Judæa Deus : in Iſraël magnum nomen ejus.

Et factus eſt in pace locus ejus : & habitatio ejus in Sion.

Ibi confregit potentias arcuum : ſcutum, gladium & bellum.

Illuminans tu mirabiliter à montibus æternis : turbati ſunt omnes inſipientes corde.

Dormierunt ſomnum ſuum : & nihil invenerunt omnes viri divitiarum in manibus ſuis.

Ab increpatione tua, Deus Jacob : dormitaverunt qui aſcenderunt equos.

Tu terribilis es, & quis reſiſtet tibi ? ex tunc ira tua.

De cœlo auditum feciſti judicium : terra tremuit, & quievit.

Cùm exurgeret in judicium Deus :

A Rome. III. Noct.

Pſ. Deus, in nomine tuo, *ci-devant*, *p.* 102.

Ant. Deus adjuvat me : & Dominus ſuſceptor eſt animæ meæ.

ut ſalvos faceret omnes manſuetos terræ.

Quoniam cogitatio hominis confitebitur tibi : & reliquiæ cogitationis diem feſtum agent tibi.

Vovete, & reddite Domino Deo veſtro : omnes qui in circuitu ejus affertis munera.

Terribili, & ei qui aufert ſpiritum principum : terribili apud reges terræ.

Ant. In pace factus eſt locus ejus, & in Sion habitatio ejus.

DOmine Deus ſalutis meæ : in die clamavi & nocte coram te.

Intret in conſpectu tuo oratio mea : inclina aurem tuam ad precem meam.

Quia repleta eſt malis anima mea : & vita mea inferno appropinquavit.

Æſtimatus ſum cum deſcenden-

A ROME.

Pſ. Notus in Judæa, *ci-deſſus*, *p.* 167.
Ant. In pace factus eſt locus ejus, & in Sion habitatio ejus.

tibus

tibus in lacum : factus sum sicut homo sine adjutorio, inter mortuos liber.

Sicut vulnerati dormientes in sepulcris, quorum non es memor amplius : & ipsi de manu tua repulsi sunt.

Posuerunt me in lacu inferiori : in tenebrosis, & in umbra mortis.

Super me confirmatus est furor tuus : & omnes fluctus tuos induxisti super me.

Longè fecisti notos meos à me : posuerunt me abominationem sibi.

Traditus sum, & non egrediebar : oculi mei languerunt præ inopia.

Clamavi ad te, Domine, totâ die : expandi ad te manus meas.

Numquid mortuis facies mirabilia : aut medici suscitabunt, & confitebuntur tibi ?

Numquid narrabit aliquis in sepulcro misericordiam tuam : & veritatem tuam in perditione?

Numquid cognoſcentur in tenebris mirabilia tua : juſtitia tua in terra oblivionis?

Et ego ad te, Domine, clamavi : & mane oratio mea præveniet te.

Ut quid, Domine, repellis orationem meam? avertis faciem tuam à me?

Pauper ſum ego, & in laboribus à juventute mea : exaltatus autem, humiliatus ſum & conturbatus.

In me tranſierunt iræ tuæ : & terrores tui conturbaverunt me.

Circumdederunt me ſicut aqua totâ die : circumdederunt me ſimul.

Elongaſti à me amicum & proximum : & notos meos à miſeria.

Ant. Factus ſum ſicut homo ſine adjutorio, inter mortuos liber.

DEus ultionum Dominus : Deus ultionum libere egit.

A ROME.

Pſ. Domine Deus, *ci-devant*, *p.* 168. *Ant.* Factus ſum ſicut homo ſine adjutorio, in-

Exaltare, qui judicas terram : redde retributionem ſuperbis.

Uſquequo peccatores, Domine : uſquequo peccatores gloriabuntur ?

Effabuntur & loquentur iniquitatem : loquentur omnes qui operantur injuſtitiam ?

Populum tuum, Domine, humiliaverunt : & hereditatem tuam vexaverunt.

Viduam & advenam interfecerunt : & pupillos occiderunt.

Et dixerunt : Non videbit Dominus : nec intelliget Deus Jacob.

Intelligite, inſipientes in populo : & ſtulti, aliquando ſapite.

Qui plantavit aurem, non audiet ? aut qui finxit oculum, non conſiderat ?

Qui corripit gentes, non arguet ? qui docet hominem ſcientiam ?

A ROME.

ter mortuos liber. ℣. In pace factus eſt locus ejus. ℟. Et in Sion habitatio ejus.

Dominus ſcit cogitationes hominum : quoniam vanæ ſunt.

Beatus homo, quem tu erudieris, Domine : & de lege tua docueris eum.

Ut mitiges ei à diebus malis : donec fodiatur peccatori fovea.

Quia non repellet Dominus plebem ſuam : & hereditatem ſuam non derelinquet.

Quoadusque juſtitia convertatur in judicium : & qui juxta illam omnes qui recto ſunt corde.

Quis conſurget mihi adversùs malignantes ? aut quis ſtabit mecum adversùs operantes iniquitatem ?

Nisi quia Dominus adjuvit me : paulò minùs habitaſſet in inferno anima mea.

Si dicebam : Motus eſt pes meus : miſericordia tua, Domine, adju-

A ROME.

La Leçon Chriſtus, *ci-après.*

℟. Aſtiterunt reges terræ, & Principes con-

vabat me.

Secundùm multitudinem dolorum meorum in corde meo : consolationes tuæ lætificaverunt animam meam.

Numquid adhæret tibi sedes iniquitatis : qui fingis laborem in præcepto ?

Captabunt in animam justi : & sanguinem innocentem condemnabunt.

Et factus est mihi Dominus in refugium, & Deus meus in adjutorium spei meæ.

Et reddet illis iniquitatem ipsorum ; & in malitia eorum disperdet eos : disperdet illos Dominus Deus noster.

Ant. Nisi quia Dominus adjuvit me, paulò minùs habitasset in inferno anima mea.

℣. Verbum iniquum constitue-

venerunt in unum : *Adversùs Dominum, & adversùs Christum ejus. ℣. Quare fremuerunt

runt adversùm me : ℟. Numquid qui dormit non adjiciet ut resurgat ?

LEÇON VII.

De Epiſtola beati Pauli Apoſtoli ad Hebræos.

CHriſtus aſſiſtens Pontifex futurorum bonorum, per amplius & perfectius tabernaculum non manufactum, id eſt, non hujus creationis, neque per ſanguinem hircorum aut vitulorum, ſed per proprium ſanguinem introivit ſemel in Sancta, æternâ redemptione inventâ. Si enim ſanguis hircorum & taurorum, & cinis vitulæ aſperſus, inquinatos ſanctificat ad emundationem carnis : quantò magis ſanguis Chriſti, qui per Spiritum ſanctum ſemetipſum obtulit immaculatum Deo, emundabit conſcientiam noſtram ab operi-

gentes, & populi meditati ſunt inania ? * Adverſus.

bus mortuis, ad ſerviendum Deo viventi ?

℞. Quando appenſus fuerit homo in patibulo, non permanebit cadaver ejus in ligno, ſed in eadem die ſepelietur; * Quia maledictus à Deo eſt omnis qui pendet in ligno. ℣. Chriſtus non redemit de maledicto legis, factus pro nobis maledictum; * Quia.

Leçon VIII.

Et ideò novi teſtamenti mediator eſt; ut morte intercedente, in redemptionem earum prævaricationum, quæ erant ſub priori teſtamento, repromiſſionem accipiant qui vocati ſunt, æternæ hereditatis. Ubi enim teſtamentum eſt, mors neceſſe eſt intercedat teſtatoris. Teſtamentum enim in mortuis confirmatum eſt : alioquin

A Rome.

Leçon ci-deſſus, Et ideo novi, *juſqu'à* Lecto enim omni, &c.

℞. Æſtimatus ſum cum deſcendentibus in lacum : * Factus ſum ſicut homo

nondum valet, dum vivit qui teſtatus eſt. Undè nec primum quidem ſine ſanguine dedicatum eſt.

LEcto enim omni mandato legis à Moyſe univerſo populo, accipiens ſanguinem vitulorum & hircorum cum aqua, & lana coccinea, & hyſſopo; ipſum quoque librum & omnem populum aſperſit, dicens: Hic ſanguis teſtamenti quod mandavit ad vos Deus. Etiam tabernaculum & omnia vaſa miniſterii, ſanguine ſimiliter aſperſit. Et omnia penè in ſanguine ſecundùm legem mundantur; & ſine ſanguinis effuſione non fit remiſſio.

℟. In die illa radix Jeſſe qui ſtat in ſignum populorum, ipſum gentes deprecabuntur: * Et erit ſepulcrum ejus glorioſum. ℣. Chriſtus mortuus eſt pro peccatis noſtris ſe-

A ROME.

ſine adjutorio, inter mortuos liber. ℣. Poſuerunt me in lacu inferiori, in tenebroſis & in umbra mortis. * Factus ſum.

cundùm Scripturas, & ſepultus eſt: * Et erit.

LEÇON IX.

NEceſſe eſt ergo exemplaria quidem cœleſtium his mundari; ipſa autem cœleſtia, melioribus hoſtiis quam iſtis. Non enim in manufacta Sancta Jeſus introivit, exemplaria verorum; ſed in ipſum cœlum, ut appareat nunc vultui Dei pro nobis: neque ut ſæpè offerat ſemetipſum, quemadmodùm Pontifex intrat in Sancta per ſingulos annos in ſanguine alieno: alioquin oportebat eum frequenter pati ab origine mundi: nunc autem ſemel in conſummatione ſæculorum, ad deſtitutionem peccati, per hoſtiam ſuam apparuit. Et quemadmodùm ſtatutum eſt hominibus ſemel mori, poſt hoc autem

A ROME.

Pour IX. Leçon, le reſte de la VIII. ci-deſſus, qui commence par Lecto.

℟. Sepulto Domino ſignatum eſt monumentum, volventes lapidem ad oſtium monumenti: * Ponentes milites qui

judicium ; ſic & Chriſtus ſemel oblatus eſt ad multorum exhaurienda peccata : ſecundo ſine peccato apparebit expectantibus ſe , in ſalutem.

℟. Chriſtus novi teſtamenti mediator, * Initiavit nobis viam novam & viventem per velamen, id eſt, carnem ſuam, in introitum ſanctorum ; nondum propalatam, adhuc priore tabernaculo habente ſtatum. ℣. Aſcendet pandens iter ante eos, Dominus in capite eorum, * Initiavit.

On répete le Répons Chriſtus, *juſqu'au Verſet incluſivement.*

A ROME.

cuſtodirent illum.

℣. Accedentes Principes Sacerdotum ad Pilatum, petierunt illum.

* Ponentes.

On répete : Sepulto Domino.

A LAUDES.

Udica me, Deus, & diſcerne cauſam meam de gente non ſancta : ab homine iniquo & doloſo erue me.

Quia tu es, Deus, fortitudo mea : quare me repuliſti ? & quare triſtis incedo, dum affligit me inimicus ?

Emitte lucem tuam & veritatem tuam : ipſa me deduxerunt, & adduxerunt in montem ſanctum tuum, & in tabernacula tua.

Et introibo ad altare Dei : ad Deum qui lætificat juventutem meam.

Confitebor tibi in cithara, Deus, Deus meus : quare triſtis es, anima mea ? & quare conturbas me ?

Spera in Deo, quoniam adhuc

A ROME. A LAUDES.

Pſ. 50. Miſerere, *ci-devant*, *p.* 83.

Ant. O mors ero, mors tua : morſus tuus ero, inferne.

confitebor illi : ſalutare vultûs mei, & Deus meus.

Ant. Ero mors tua, ô mors : morſus tuus ero, inferne.

INclina, Domine, aurem tuam, & exaudi me : quoniam inops & pauper ſum ego.

Cuſtodi animam meam, quoniam ſanctus ſum : ſalvum fac ſervum tuum, Deus meus, ſperantem in te.

Miſerere mei, Domine, quoniam ad te clamavi totâ die : lætifica animam ſervi tui, quoniam ad te, Domine, animam meam levavi.

Quoniam tu, Domine, ſuavis & mitis : & multæ miſericordiæ omnibus invocantibus te.

Auribus percipe, Domine, orationem meam : & intende voci deprecationis meæ.

A Rome.

Pſ. Judica me, *ci-deſſus, p.* 179.

Ant. Plangent eum quaſi unigenitum, quia innocens Dominus occiſus eſt.

In die tribulationis meæ clamavi ad te : quia exaudiſti me.

Non eſt ſimilis tui in diis, Domine : & non eſt ſecundùm opera tua.

Omnes gentes, quaſcumque feciſti, venient & adorabunt coram te, Domine : & glorificabunt nomen tuum.

Quoniam magnus es tu, & faciens mirabilia : tu es Deus ſolus.

Deduc me, Domine, in via tua, & ingrediar in veritate tua : lætetur cor meum, ut timeat nomen tuum.

Confitebor tibi, Domine Deus meus, in toto corde meo : & glorificabo nomen tuum in æternum.

Quia miſericordia tua magna eſt ſuper me : & eruiſti animam meam

A ROME.

Pſ. Deus, Deus meus, *ci-devant*, *p.* 90.

Ant. Attendite univerſi populi, & videte dolorem meum.

CANTIQUE.

EGo dixi : In dimidio dierum meorum : vadam ad portas inferi.

Quæſivi reſiduum an-

ex inferno inferiori.

Deus, iniqui inſurrexerunt ſuper me, & ſynagoga potentium quæſierunt animam meam : & non propoſuerunt te in conſpectu ſuo.

Et tu, Domine Deus, miſerator & miſericors : patiens, & multæ miſericordiæ, & verax.

Reſpice in me, & miſerere mei : da imperium tuum puero tuo, & ſalvum fac filium ancillæ tuæ.

Fac mecum ſignum in bonum, ut videant qui oderunt me, & confundantur : quoniam tu, Domine, adjuviſti me, & conſolatus es me.

Ant. De manu mortis liberabo eos : de morte redimam eos.

DOmine exaudi orationem meam : auribus percipe obſecrationem meam in veritate tua ;

A ROME.

norum meorum, dixi : Non videbo Dominum Deum in terra viventium.

Non aſpiciam hominem ultrà : & habitatorem quietis.

Generatio mea ablata eſt, & convoluta eſt à me : quaſi tabernaculum

exaudi me in tua justitia.

Et non intres in judicium cum servo tuo : quia non justificabitur in conspectu tuo omnis vivens.

Quia persecutus est inimicus animam meam : humiliavit in terra vitam meam.

Collocavit me in obscuris sicut mortuos sæculi : & anxiatus est super me spiritus meus : in me turbatum est cor meum.

Memor fui dierum antiquorum ; meditatus sum in omnibus operibus tuis : in factis manuum tuarum meditabar.

Expandi manus meas ad te : anima mea sicut terra sine aqua tibi.

Velociter exaudi me, Domine : defecit spiritus meus.

A ROME.

pastorum.

Præcisa est velut à texente, vita mea : dum adhuc ordirer, succidit me : de manè usque ad vesperam finies me.

Sperabam usque ad manè : quasi leo sic contrivit omnia ossa mea.

De manè usque ad vesperam finies me : sicut pullus hirundinis sic clamabo, meditabor ut columba.

Non avertas faciem tuam à me : & ſimilis ero deſcendentibus in lacum.

Auditam fac mihi manè miſericordiam tuam : quia in te ſperavi.

Notam fac mihi viam, in qua ambulem : quia ad te levavi animam meam.

Eripe me de inimicis meis, Domine ; ad te confugi : doce me facere voluntatem tuam, quia Deus meus es tu.

Spiritus tuus bonus deducet me in terram rectam : propter nomen tuum, Domine, vivificabis me in æquitate tua.

Educes de tribulatione animam meam : & in miſericordia tua diſperdes inimicos meos.

A ROME.

Attenuati ſunt oculi mei : ſuſpicientes in excelſum.

Domine, vim patior, reſponde pro me : Quid dicam, aut quid reſpondebit mihi, cùm ipſe fecerit ?

Recogitabo tibi omnes annos meos : in amaritudine animæ meæ.

Domine, ſi ſic vivitur, & in talibus vita ſpiritûs mei, corripies me, & v-

Et perdes omnes qui tribulant animam meam: quoniam ego ſervus tuus ſum.

Ant. Penetrabo omnes inferiores partes terræ, & inſpiciam omnes dormientes, & illuminabo omnes ſperantes in Domino.

CANTIQUE.

CLamavi de tribulatione mea ad Dominum: & exaudivit me.

De ventre inferi clamavi: & exaudiſti vocem meam.

Et projeciſti me in profundum in corde maris: & flumen circumdedit me.

Omnes gurgites tui & fluctus tui: ſuper me tranſierunt.

Et ego dixi; Abjectus ſum à

A ROME.

viſicabis me: ecce in pace amaritudo mea amariſſima.

Tu autem eruiſti animam meam, ut non periret: projeciſti poſt tergum tuum omnia peccata mea.

Quia non infernus confitebitur tibi, neque mors laudabit te: non expectabunt qui deſcendunt in lacum, veritatem tuam.

Vivens, vivens, ipſe

conſpectu oculorum tuorum : verumtamen rurſus videbo templum ſanctum tuum.

Circumdederunt me aquæ : uſque ad animam.

Abyſſus vallavit me : pelagus operuit caput meum.

Ad extrema montium deſcendi : terræ vectes concluſerunt me in æternum.

Et ſublevabis de corruptione vitam meam : Domine Deus meus.

Cùm anguſtiaretur in me anima mea, Domini recordatus ſum : ut veniat ad te oratio mea ad templum ſanctum tuum.

Qui cuſtodiunt vanitates fruſtrà : miſericordiam ſuam derelinquunt.

Ego autem in voce laudis immo-

A Rome.

confitebitur tibi, ſicut & ego hodie : pater filiis notam faciet veritatem tuam.

Domine, ſalvum me fac : & pſalmos noſtros cantabimus cunctis diebus vitæ noſtræ in domo Dñi.

Ant. A porta inferi, erue, Domine, animam meam.

Pſ. Laudate Dominum de cœlis, *ci-devant* p. 77.

labo tibi : quæcumque vovi reddam pro ſalute Domino.

Ant. Sicut fuit Jonas in ventre ceti tribus diebus & tribus noctibus, ſic erit Filius hominis in corde terræ.

LAudate Dominum in ſanctis ejus : laudate eum in firmamento virtutis ejus.

Laudate eum in virtutibus ejus : laudate eum ſecundùm multitudinem magnitudinis ejus.

Laudate eum in ſono tubæ : laudate eum in pſalterio & cithara.

Laudate eum in tympano & choro : laudate eum in chordis & organo.

A ROME.

Ant. O vos omnes qui tranſitis per viam, attendite & videte, ſi eſt dolor ſicut dolor meus.

℣. Caro mea requieſcet in ſpe.

℟. Et non dabis ſanctum tuum videre corruptionem.

A Benedictus, *p.* 79.

Ant. Mulieres ſedentes ad monumentum lamentabantur flentes Dominũ. ℣. Chriſtus *p.* 87.

Fin de l'Office du Vendredi à Rome.

Laudate eum in cymbalis benesonantibus; laudate eum in cymbalis jubilationis: omnis ſpiritus laudet Dominum.

Ant. Dabit impios pro ſepultura, & divitem pro morte ſua; eo quod iniquitatem non fecerit, neque dolus fuerit in ore ejus.

A Benedictus, p. 79. *Ant.* Acceperunt Joſeph & Nicodemus corpus Jeſu, & ligaverunt illud linteis cum aromatibus, & poſuerunt illud in monumento.

Les Prieres comme ci-devant, p. 82.

LE SAMEDI A COMPLIES.

Les Complies du Dimanche, p. 20. *ainsi à Rome, sans Antienne ni Chapitre, ni Hymne.*

A Nunc dimittis. *Ant.* Vesperè (autem) sabbati, quæ lucescit in prima sabbati, venit Maria Magdalene, & altera Maria, videre sepulchrum, alleluia.

Oraison. Visita, *p.* 26.

Antienne a la Vierge.

Regina cœli, lætare, alleluia; Quia quem meruisti portare, alleluia,
Resurrexit sicut dixit, alleluia:
Ora pro nobis Deum, alleluia.

℣. Circumdedisti me lætitiâ, Domine; ℟. Ut cantet tibi gloria mea.

A Rome. A Complies.

Comme ci-dessus, en ajoutant le Ps. In te, Domine, speravi. *p.* 198. ℣. Gaude & lætare, Virgo Maria, alleluia. ℟. Quia surrexit Dominus verè, alleluia. *Oremus.* Deus, qui per Resurrectionē, *ci-après, p.* 190.

OREMUS.

DEus, qui per Resurrectionem Filii tui Domini nostri Jesu Christi, mundum lætificare dignatus es : præsta, quæsumus, ut per ejus Genitricem virginem Mariam, perpetuæ capiamus gaudia vitæ ; Per eumdem.

Pseaume renvoyé à Laudes de Pâques, ci-dev. p. 30.

DEus, in adjutorium meum intende : Domine, ad adjuvandum me festina.

Confundantur, & revereantur : qui quærunt animam meam.

Avertantur retrorsùm, & erubescant : qui volunt mihi mala.

Avertantur statim erubescentes ; qui dicunt mihi : Euge, euge.

Exultent & lætentur in te omnes qui quærunt te : & dicant semper ; Magnificetur Dominus, qui diligunt salutare tuum.

Ego verò egenus & pauper sum : Deus, adjuva me.

Adjutor meus & liberator meus es tu : Domine, ne moreris.

Si vous êtes ressuscité avec Jesus-Christ, n'ayez d'affection qu'aux choses du Ciel.

LE JOUR DE PASQUES.

A NONE

Ps. du Dim. des Rameaux sans Hymne ni Capitule, ni ℟. & ℣. mais Alleluia. Hæc dies quam fecit Dominus : exultemus & lætemur in ea.

L'Oraison, Deus qui hodierna, *ci-après*, p. 194.

A ROME. A NONE.

L'Hymne. Rerum Deus, *& les Ps.* Mirabilia & *suivans*, p. 2.

Ant. Hæc dies quam fecit Dominus, exultemus & lætemur in ea.

A VESPRES.

Eus in adjutorium meum intende: Domine ad adjuvandum me festina.

Gloria Patri, &c.

Ps. Dixit Dominus, *p.* 9.

Ant. Dicite discipulis ejus quia surrexit, alleluia, alleluia, alleluia.

Ps. Confitebor, *p.* 10.

Ant. Ecce præcedit vos in Galilæam: ibi eum videbitis, allel. al.

Ps. Beatus vir, *p.* 11.

Ant. Et exierunt citò de monumento cum timore & gaudio magno, currentes nuntiare discipulis, alleluia.

Graduel. Hæc *le Chœur* dies quam fecit Dominus: exultemus & lætemur in ea. ℣. Confitemini Domino quoniam bonus, quoniam in sæculum misericordia *le Chœur* * ejus.

A ROME.

Les Pseaumes du Dimanche des Ram. sous les Ant. suivantes.

Ant. Angelus autem Domini descendit de cœlo, & accedens revolvit

Alleluia, alleluia. ℣. Surrexit Dominus, & occurrit mulieribus, dicens : Avete. Illæ autem accesſerunt, & tenuerunt pedes * ejus. Alleluia.

PROSE.

VIctimæ paſchali laudes immolent Chriſtiani.

Agnus redemit oves : Chriſtus innocens Patri reconciliavit peccatores.

Mors & vita duello conflixere mirando : dux vitæ mortuus, regnat vivus.

Dic nobis, Maria, quid vidiſti in via ?

Sepulchrum Chriſti viventis, & gloriam vidi reſurgentis,

Angelicos teſtes, ſudarium, & veſtes.

Surrexit Chriſtus ſpes mea : præcedet ſuos in Galilæam.

A ROME.

lapidem, & ſedebat ſuper eum, alleluia, alleluia.

Ant. Et ecce terræ motus factus eſt magnus, Angelus enim Domini

Scimus Chriſtum ſurrexiſſe à mortuis verè : tu nobis, victor Rex, miſerere. Amen.

A Magnificat, *Ant.* Cùm ſerò eſſet die illo, & fores eſſent clauſæ, ubi erant diſcipuli congregati ; venit Jeſus, & ſtetit in medio, & dixit eis : Pax vobis, alleluia.

OREMUS.

DEus, qui hodiernâ die per Unigenitum tuum æternitatis nobis aditum, devictâ morte, reſeraſti : vota noſtra, quæ prævenienndo aſpiras, etiam adjuvando proſequere ; Per eumdem Dominum noſtrum.

Après le ℣. Benedicamus, *on va proceſſionnellement aux Fonts, en chantant :*

℟. Chriſtus reſurgens ex mortuis, jam non moritur : * Mors illi ultrà

A ROME.

deſcendit de cœlo, alleluia.

Ant. Erat autem aſpectus ejus ſicut fulgur, veſtimenta autem ejus ſicut nix, alleluia, al-

non dominabitur : quod enim mortuus eſt peccato, mortuus eſt ſemel; quod autem vivit, vivit Deo, alleluia, alleluia.

Pſ. Laudate pueri, *p.* 13.

Après le Pſ. tout le Chœur chante :

℣. Præcipitabit mortem in ſempiternum, & opprobrium populi ſui auferet de univerſa terra. *Mors.

Verſ. Salvavit ſibi dextera ejus.

℞. Et brachium ſanctum ejus.

OREMUS.

DEus, qui ad æternam vitam in Chriſti reſurrectione nos reparas : imple pietatis tuæ ineffabile ſacramentum ; ut, cùm in majeſtate ſua Salvator noſter advenerit, quos feciſti baptiſmo regenerari, facias beatâ immortalitate veſtiri ; Per eumdem.

A ROME.

Ant. Præ timore autem ejus exterriti ſunt cuſtodes, & facti ſunt velut mortui, alleluia.

Ant. Reſpondens autem Angelus, dixit mu-

Allant à la Station.

℟. Quicumque baptizati ſumus in Chriſto Jeſu, in morte ipſius baptizati ſumus : * Conſepulti enim ſumus cum illo per baptiſmum in mortem ; ut quomodo Chriſtus ſurrexit à mortuis per gloriam Patris, ita & nos in novitate vitæ ambulemus, alleluia.

Pſ. In exitu, *p.* 13.

Après le Pſ. tout le Chœur chante :

℣. Dominus ſcidit aquas ante eos, ut faceret ſibi nomen ſempiternum : eduxit eos per abyſſos. * Conſepulti.

Verſ. Auditam facite vocem laudis ejus, ℟. Qui poſuit animam meam ad vitam.

OREMUS.

DEus, qui per reſurrectionis tuæ fidem per baptiſmi gratiam in nobis obſignare voluiſti :

A ROME.

lieribus : Nolite timere ; quæritis, alleluia.
ſcio enim quod Jeſum *A Magnificat*, *p.* 18.

concede, ut à peccati morte liberati, in novitate vitæ ambulemus; Qui vivis & regnas in unitate Spiritus sancti Deus.

Revenant de la Station.

℞. Quid quæritis viventem cum mortuis? non est hîc, sed surrexit: * Recordamini qualiter locutus est vobis, dicens: Quia oportet Filium hominis tradi in manus peccatorum, & crucifigi, & die tertiâ resurgere, alleluia.

Devant le Crucifix.

℣. Adorate Dominum in atrio sancto ejus; commoveatur à facie ejus universa terra: dicite in gentibus, quia Dominus regnavit à ligno.

En rentrant dans le Chœur.

* Recordamini.

Vers. Lapidem quem reprobaverunt ædificantes. ℞. Hic factus est in caput anguli.

A ROME.

Ant. Et Respicientes, viderunt revolutum lapidem, erat quippè magnus valdè, alleluia.

OREMUS.

DEus, cujus Filius pro nobis crucifixus mundum redimere dignatus eſt : præſta, ut qui de noſtra redemptione lætamur, æternis gaudiis, te donante, perfruamur ; Per eumdem.

A COMPLIES.

Après les Pſeaumes du Dimanche des Rameaux, p. 1. *on dit une fois* Alleluia, *& après* Nunc dimittis, *Ant.* Hæc dies, &c. *p.* 189.

Oraiſ. Viſita quæſumus, *p.* 26.
Ant. à la Ste Vierge, Regina, p. 189.

A ROME. A COMPLIES.

Comme au Dimanche des Rameaux, *p.* 20. *en ajoutant pour* 2. *Pſ. le ſuivant.*

IN te, Domine, ſperavi, non confundar in æternum : in juſtitia tua libera me.

Inclina ad me aurem tuam : accelera ut eruas me.

Eſto mihi in Deum protectorem, & in domum refugii : ut ſalvum me facias.

Quoniam fortitudo mea & refugium meum es tu : & propter nomen tuum deduces me, & enutries me.

Educes me de laqueo hoc quem abſconderunt mihi : quoniam tu es protector meus.

In manus tuas commendo ſpiritum meum : redemiſti me, Domine, Deus veritatis. Gloria.

AU SALUT.

℟. EGo ſum Alpha & Omega, Principium & Finis, dicit Dominus Deus, qui eſt, & qui erat, & qui venturus eſt, Omnipotens: Ego ſum primus, & noviſſimus, & vivus. Et fui mortuus, & ecce ſum vivens, in ſæcula ſæculorum, & habeo claves mortis & inferni. * Qui vicerit, ſcribam ſuper eum nomen civitatis Dei mei, novæ Jeruſalem, quæ deſcendit de Cœlo à Deo meo, & nomen meum novum, alleluia, alleluia. ℣. Qui habet aurem, audiat quid Spiritus dicat Eccleſiis. * Qui vicerit.

CANTIQUE.

Alleluia, Alleluia, Alleluia.

O Filii & filiæ,
Rex cœleſtis, Rex gloriæ
Morte ſurrexit hodiè. Alleluia.

Et Maria Magdalene,
Et Jacobi, & Salome,

Venerunt corpus ungere. Alleluia.
A Magdalena moniti,
Ad oſtium monumenti
Duo currunt Diſcipuli. Alleluia.
Sed Joannes Apoſtolus
Cucurrit Petro citiùs,
Ad ſepulchrum venit priùs. Allel.
In albis ſedens Angelus,
Reſpondit mulieribus,
Quia ſurrexit Dominus. Alleluia.
Diſcipulis aſtantibus,
In medio ſtetit Chriſtus,
Dicens : Pax vobis omnibus. Allel.
Poſtquam audivit Didymus
Quia ſurrexerat Jeſus,
Remanſit fide dubius. Alleluia.
* Vide, Thoma, vide latus,

A ROME.

O Filii & filiæ,
Rex cœleſtis, Rex gloriæ,
Morte ſurrexit hodiè, alleluia.
Alleluia, alleluia, alleluia.
Et manè prima Sabbati,
Ad oſtium monumenti,
Acceſſerunt diſcipuli, alleluia.
Et Maria Magdalene,
Et Jacobi & Salome,
Venerunt corpus ungere, alleluia.
In albis ſedens Angelus

Vide pedes, vide manus,
Noli esse incredulus. Alleluia.

Quando Thomas Christi latus,
Pedes vidit atque manus,
Dixit : Tu es Deus meus. Alleluia.

Beati qui non viderunt,
Et firmiter crediderunt :
Vitam æternam habebunt. Allel.

In hoc festo sanctissimo
Sit laus & jubilatio :
Benedicamus Domino. Alleluia.

De quibus nos humillimas,
Devotas atque debitas
Deo dicamus gratias. Alleluia.

Alleluia, Alleluia, Alleluia.

A ROME.

Prædixit mulieribus,
In Galilæa est Dominus,
alleluia.

Et Joannes Apostolus
Cucurrit Petro citiùs,
Monumento venit priùs,
alleluia.

Discipulis astantibus,
In medio stetit Christus,
Dicens : Pax vobis omnibus, alleluia.

Ut intellexit Dydimus,
Quia surrexerat Jesus,
Remansit ferè dubius,
alleluia.

* Vide Thoma, &c. *ci-dessus.*

ET PENDANT L'OCTAVE,

Comme le jour de Pasque, excepté ce qui suit après le Ps. Beatus. *Graduel.* Hæc dies quam fecit Dominus: exultemus & lætemur in ea. ℣. Iter facite ei qui ascendit super occasum: Dominus nomen * illi.

Alleluia, alleluia. ℣. Cognoverunt eum, & dixerunt ad invicem: Nonne cor nostrum ardens erat in nobis, dum loqueretur * in via? Alleluia.

Victimæ Paschali, *p.* 193.

A Magnificat. *Ant.* Regressi sunt in Jerusalem, & invenerunt congregatos Undecim, & eos qui cum illis erant; & ipsi narrabant quomodo cognoverunt Jesum in fractione panis, alleluia.

DEus, qui solemnitate Paschali mundo remedia contulisti: populum tum, quæsumus, cœlesti dono prosequere; ut & perfectam libertatem consequi mereatur, & ad vitam proficiat sempiternam;

Per Dominum nostrum.

A la Procession des Fonts, comme au jour de Pâque, p. 194. *excepté les Oraisons suivantes.*

Aux Fonts.

DEus, qui renatis ex aqua & Spiritu sancto cœlestis regni pandis introitum : auge super famulos tuos gratiam quam dedisti ; ut qui ab omnibus sunt purgati peccatis nullis priventur promissis ; Per Christum. . . . in unitate ejusdem Spiritus. *A la Station.*

POpulus tuus, quæsumus, Domine, renovatis exultet animæ virtutibus ; & vivificationis tuæ gratiam consecutus, in tuo semper munere glorietur ; Per, &c.

Au Chœur.

DEus, qui populum tuum de hostis callidi servitute liberas-

A ROME. LE LUNDI.

Comme le jour de Pâques, sinon à Magnificat, *Ant.* Qui sunt hi sermones quos confertis ad invicem ambulantes, & estis tristes ? Alleluia. *Et l'Oraison.* Deus qui solemnitate, *ci-devant, p.* 202.

ti : preces ejus miſericorditer reſpice, & adverſantes ei tuâ virtute proſterne ; Per.

A Complies, comme le jour de Pâques.

LE MARDI DE PASQUES.

Comme le jour de Pâques, excepté après le Pſ. Beatus. *Graduel.*

HÆc dies quam fecit Dominus, exultemus & lætemur in ea ℣. Memor fuit in ſæculum teſtamenti ſui, verbi quod mandavit in mille * generationes.

Alleluia, alleluia. ℣. Aperuit Jeſus diſcipulis ſenſum, ut intelligerent * Scripturas. Alleluia.

Victimæ, *pag.* 193.

A Magnificat. *Ant.* Sic ſcriptum eſt, & ſic oportebat Chriſtum pati, & reſurgere à mortuis tertiâ die, & prædicari in nomine ejus pœnitentiam, & remiſſionem peccatorum in omnes gentes, alleluia.

OREMUS.

DEus, qui Ecclesiam tuam novo semper fœtu multiplicas: concede famulis tuis, ut sacramentum vivendo teneant, quod fide perceperunt; Per Dominum.

A la Procession des Fonts. ℟. Christus, *& le reste comme au jour de Pâque,* p. 194. *excepté les Oraisons suivantes.*

Aux Fonts.

DEus, per quem nobis redemptio venit, & præstatur adoptio: respice in opera misericordiæ tuæ; ut in Christo renatis, & æterna tribuatur hæreditas, & vera libertas; Per eumdem Dominum nostrum, Jesum Christum Filium tuum, Qui tecum.

A la Station.

FAc, quæsumus, omnipotens Deus, ut qui Paschalibus remediis innovati, similitudinem ter-

A ROME. LE MARDI.

A Magnificat. Ant. Videre manus meas & pedes meos, quia ego ipse sum, alleluia, alleluia.

reni parentis evaſimus, ad formam cœleſtis transferamur auctoris; Qui tecum vivit & regnat, &c.

Au Chœur.

DEus, qui nos, in cruce paſſus, pretio magno redimere voluiſti: infunde nobis virtutem auxilii tui, ut noſtra te ſemper vita glorificet; Qui vivis & regnas.

LE MERCREDI DE PASQUES.

A Magnificat, *Ant.* Accipit Jeſus panem, & dat diſcipulis ſuis, & piſcem ſimiliter. Hoc jam tertio manifeſtatus eſt Jeſus, poſtquam reſurrexit à mortuis, alleluia.

OREMUS.

DEus, qui nos reſurrectionis Dominicæ annuâ ſolemnitate lætificas: concede propitius, ut

A ROME. LE MERCREDI.

A Magnificat, *Ant.* Dixit Jeſus diſcipulis ſuis: Afferte de piſcibus quos prendidiſtis nunc: aſcendit autem Simon Petrus, & traxit rete in terram, plenum magnis piſcibus, alleluia.

L'Oraiſon. Deus, qui hodiernâ, *p.* 194.

per temporalia feſta quæ agimus, pervenire ad gaudia æterna mereamur; Per eumdem Dominum noſtrum Jeſum Chriſtum Filium tuum; Qui tecum vivit & regnat in unitate Spiritus ſancti Deus, per omnia ſæcula ſæculorum. Amen.

LE JEUDI DE PASQUES.

A Magnificat, *Ant*. Venit Maria Magdalene, annuntians diſcipulis: Quia vidi Dominum, alleluia.

OREMUS.

OMnipotens ſempiterne Deus, qui Paſchale ſacramentum in reconciliationis humanæ fœdere contuliſti: da mentibus noſtris, ut quod profeſſione celebramus, imitemur effectu; Per.

A ROME. LE JEUDI.

A Magnificat, *Ant*. Tulerunt Dominum meum, & neſcio ubi poſuerunt eum: ſi tu ſuſtuliſti eum, dicito mihi, alleluia: & ego eum tollam, alleluia, alleluia.

A Magnificat. *Ant.* Qui crediderit & baptizatus fuerit, ſalvus erit, alleluia. OREMUS.

DEus, qui diverſitatem gentium in confeſſione tui nominis adunaſti : da ut renatis fonte baptiſmatis una ſit fides mentium, & pietas actionum ; Per Dominum noſtrum Jeſum Chriſtum &c.

LE SAMEDI DE PASQUES.

L'Hymne & Oraiſon de demain.

A Magnificat, *Ant.* Numquid non tu, Domine, percuſſiſti ſuperbum, vulneraſti draconē? Et nunc qui redempti ſunt à Domino, revertentur laudantes ; & lætitia ſempiterna ſuper capita eorum, alleluia.

A ROME. LE VENDREDI.

A Magnificat, *Ant.* Data eſt mihi omnis poteſtas in cœlo & in terra, alleluia.

LE SAMEDI.

A Magnificat, *Ant.* Cùm eſſet ſerò die illâ, unà ſabbatorum, & fores eſſent clauſæ ubi erant diſcipuli congregati in unū, ſtetit Jeſus in medio, & dixit eis : Pax vobis, alleluia.

LE DIMANCHE DE QUASIMODO.

A NONE.

Hymne Labente, *p.* 1. *& au lieu de* Deo Patri, *on dit* Da Christe, *cy-après à Vêpres, p.* 214.

Mirabilia. Clamavi. Principes, *pag.* 1. *& suivantes.*

Ant. Quicumque in Christo baptizati estis, Christum induistis, allel.

CAPITULE.

DEo placent opera tua. Omni tempore sint vestimenta tua candida, & oleum de capite tuo non deficiat.

℟. *br.* Non discedimus à te, * vivificabis nos, * Alleluia, alleluia. Non. ℣. Et nomen tuum * invoca-

A ROME.

None & Vêpres du Dimanche, & pour Ant. Alleluia.

Capitule.

CHarissimi : Omne quod natum est ex Deo, vincit mundum, & hæc est victoria quæ vincit mundum, fides nostra.

℟. Deo gratias.

bimus, * Alleluia. Gloria Patri. Non diſcedimus à te.

℣. Beata gens cujus eſt Dominus Deus ejus : ℟. Populus quem elegit in hæreditatem ſibi.

Oraiſon ci-après à Vêpres, p. 214.

A VESPRES.

Pſ. du Dimanche des Rameaux, p. 9. *ſur les Antiennes ſuivantes.*

Premiere Antienne.

CHriſtus reſurrexit à mortuis, alleluia : oportet autem illum regnare, donec ponat Deus omnes inimicos ſub pedibus ejus, allel.

Ant. 2. Dedit ſemetipſum pro nobis, ut nos redimeret ab omni iniquitate, & mundaret ſibi populum acceptabilem, alleluia.

Ant. 3. Vos genus electum, regale ſacerdotium, gens ſancta ; ut virtutes annuntietis ejus qui de tenebris vos vocavit in admirabile lumen ſuum, alleluia.

Ant. 4. Credimus in Deo ſecundùm operationem potentiæ virtutis ejus, quam operatus eſt in Chriſto, ſuſcitans illum à mortuis, & conſtituens ad dexteram ſuam, alleluia.

Ant. 5. Pro omnibus mortuus eſt Chriſtus; ut qui vivunt, jam non ſibi vivant, ſed ei qui pro ipſis mortuus eſt & reſurrexit, alleluia.

CAPITULE.

BEnedictus Deus & Pater Domini noſtri Jeſu Chriſti, qui ſecundùm miſericordiam ſuam magnam regeneravit nos in ſpem vivam, per reſurrectionẽ Jeſu Chriſti ex mortuis, in hæreditatem incorruptibilem.

HYMNE.

FOrti tegente brachio,
Evaſimus rubrum mare,

A ROME.

HYMNE.

AD cœnam agni providi,
Et ſtolis albis candidi,
Poſt tranſitum maris rubri,

Tandemque durum perfidi
Jugum tyranni fregimus.
Nunc ergo lætas vindici
Grates rependamus Deo;
Agnique mensam candidis
Cingamus ornati stolis.
Hujus sacrato corpore,
Amoris igne fervidi,
Vescamur atque sanguine:
Vescendo, vivimus Deo.
Jam Pascha nostrum Christus est:
Hic agnus, hæc est victima,
Cruore cujus illitos
Transmittit ultor Angelus.
O digna cœlo Victima,
Mors ipsa per quam vincitur,
Per quam, refractis inferi,

A ROME.

Christo canamus principi.
Cujus corpus sanctissimum,
In ara crucis torridum,
Cruore perfusum sacro,
Gustando, vivimus Deo.
Protecti Paschæ vesperè,
A devastante Angelo,
Erepti de durissimo,
Pharaonis imperio.
Jam Pascha nostrum Christus est,
Qui immolatus agnus est,
Sinceritatis azyma
Caro ejus oblata est.
O verè digna hostia,
Per quam fracta sunt tartara,

Prædam relaxant, postibus.
Christus sepulchri faucibus
Emersus ad lucem redit:
Hostem retrudit tartaro,
Cœlique pandit intima.
*Da, Christe, nos tecum mori;
Tecum simul da surgere:
Terrena da contemnere;
Amare da cœlestia.
Sit laus Patri, laus Filio
Qui nos, triumphatâ nece,
Ad astra secum dux vocat:
Compar tibi laus, Spiritus. Amen.

℣. Pro patribus tuis nati sunt tibi filii: ℟. Propterea populi confitebuntur tibi in æternum.

A ROME.

Soluta mortis vincula,
Reddita vitæ præmia.
Consurgit Christus tumulo,
Victor redit de barathro,
Tyrannum trudens vinculo,
Et paradisum reserans.
Quæsumus auctor omnium,
In hoc Paschali gaudio,
Ab omni mortis impetu,
Tuum defende populum.
Gloria tibi, Domine,
Qui surrexisti à mortuis,
Cum Patre & sancto Spiritu,
In sempiterna sæcula.
Amen.

℣. Mane nobiscum, Domine, alleluia.
℟. Quoniam advesperascit, alleluia.

A Magnificat. Ant. Multa fecit Jeſus quæ non ſunt ſcripta : hæc autem ſcripta ſunt, ut credatis quia Jeſus eſt Filius Dei ; & ut credentes, vitam habeatis in nomine ejus, alleluia.

OREMUS.

PRæſta, quæſumus, omnipotens Deus, ut qui Paſchalia feſta peregimus, hæc, te largiente, moribus & vitâ teneamus ; Per.

A COMPLIES

Comme le Dim. des Rameaux, *p.* 20. *excepté ce qui ſuit :*

Ant. Eripuit nos Deus de poteſtate tenebrarum , & tranſtulit in regnum Filii dilectionis ſuæ, allel.

HYMNE.

JEſu redemptor ſæculi,
Qui tertio poſt funera
Redux ab inferis die,
Mortem reſurgendo necas :
Nox atra jam terras premet,
Mergetque ſomno lumina :

Hostis furorem perfidi,
Artesque cæcas disjice.
Ut justa dum curas levat,
Et corpus instaurat quies;
Sic membra somnus occupet
Ne corda torpor opprimat.
Da, Christe, &c. *ci-dev. p.* 213.

A Nunc dimittis. *Ant.* Cum Christus apparuerit, vita vestra; tunc & vos apparebitis cum ipso in gloria, alleluia.

Complainte à la sainte Vierge.

STabat Mater dolorosa
Juxta crucē lachrymosa,
Dum pendebat Filius.
Cujus animam gementem,
Contristantem & dolentem,
Pertransivit gladius.
O quam tristis & afflicta
Fuit illa benedicta,
Mater Unigeniti.
Quæ mœrebat & dolebat,
Et tremebat cum videbat
Nati pœnas inclyti.
Quis est homo qui non fleret,
Christi Matrem si videret
In tanto supplicio.
Quis posset non contristari,
Piam matrem contemplari,
Dolentem cum Filio:
Pro peccatis suæ gentis,
Vidit Jesum in tormentis,
Et flagellis subditum.
Vidit suum dulcem natum,
Morientem, desolatum,
Dum emisit spiritum.
Eia Mater, fons amoris,

Me sentire vim doloris
Fac ut tecum lugeam.
Fac ut ardeat cor meũ,
In amando Christũ Deũ,
Ut sibi complaceam.
Sancta mater, istud agas,
Crucifixi fige plagas
Cordi meo valide.
Tui nati vulnerati,
Jam dignati pro me pati,
Pœnas mecum divide.
Fac me verè tecum flere,
Crucifixo condolere,
Donec ego vixero.
Juxta crucem tecum stare,
Te libenter sociare
In planctu desidero.
Virgo virginum præclara,
Mihi jam non sis amara,
Fac me tecum plangere.
Fac ut portem Christi mortem,
Passionis ejus sortem,
Et plagas recolere.
Fac me plagis vulnerari,
Cruce hac inebriari:
Ob amorem Filii.
Inflammatus & accensus,
Per te Virgo sim defensus
In die judicii.
Fac me cruce custodiri,
Morte Christi præmuniri,
Confoveri gratiâ.
Quando corpus morietur,
Fac ut animæ donetur
Paradisi gloria. Amen.

℣. Tuam ipsius animam doloris gladius pertransivit. ℟. Ut revelentur ex multis cordibus cogitationes.

OREMUS.

INtterveniat pro nobis, quæsumus Domine, apud tuam clementiam nunc & in hora mortis nostræ, beata Virgo Maria mater tua, cujus animam in hora Passionis tuæ doloris gladius pertransivit: & in gloriosissima Resurrectione tua, ingens gaudium lætificavit. Qui vivis & regnas Deus.
℟. Amen.

Fin de la I. Partie.

www.ingramcontent.com/pod-product-compliance
Ingram Content Group UK Ltd.
Pitfield, Milton Keynes, MK11 3LW, UK
UKHW022056260726
13993UKWH00001B/156

9 782329 273518